Gina Kästele

Umarme
deine Angst

und verwandle sie
in positive Lebenskräfte

W0057133

GINA KÄSTELE

Umarme
deine Angst

und verwandle sie
in positive Lebenskräfte

EIN SELBSTHILFEPROGRAMM

KÖSEL

Dr. Gina Kästele bietet Seminare unter anderem zum Thema dieses Buches an. Informationen erhalten Sie unter folgender Anschrift:

Dr. Gina Kästele
Athener Platz 5
81545 München
Tel.: 0 89/64 55 00
Mail: kaestele@gmx.de
www.psychotherapie-beratung.de

Verlagsgruppe Random House FSC-DEU-0100
Das für dieses Buch verwendete FSC®-zertifizierte Papier
Classic 95 liefert Stora Enso, Finnland.

Umschlaggestaltung und -motiv: Oliver Weiss, oweiss.com
Druck und Bindung: GGP Media GmbH, Pößneck
Printed in Germany
ISBN 978-3-466-30956-6

www.koesel.de

Inhalt

Beschreiten Sie den Erfolgsweg

Obwohl Sklaven der Vergangenheit,
sind wir Gebieter der Zukunft.

BLAISE PASCAL

Vorliegendes Buch ist kein Theorieband, der sich der Beschreibung von Angst- und Hilflosigkeitsgefühlen widmet, sondern ein praktischer Ratgeber zur Selbsthilfe. Mit Methoden, die Sie selbst leicht anwenden können, lernen Sie mit Ihren Angstgefühlen anders als bisher umzugehen. Wenn Sie Wege finden wollen, die aus der Angst und Hilflosigkeit herausführen, müssen Sie zuallererst die Bereitschaft entwickeln, diese auch auszuprobieren. Sie werden lernen, schwierige Situationen gedanklich anders zu beurteilen als bisher. Neben vielen Übungen, die zwischen fünf und 20 Minuten dauern können (zum Beispiel Vorstellungs- und Fantasieübungen, Papier- und Stiftübungen), werden Sie in eine neue Form der Angstbewältigung eingeführt. Es geht nicht darum, die Angst zu unterdrücken und »wegzutrainieren«, sondern um eine sinnvolle Einbeziehung der Angst in Ihren Lebensalltag.

Der Kraftpunkt liegt in der Gegenwart! Betrachten Sie Ihre Vergangenheit als eine Lebensphase, in der Sie wichtige Erfahrungen gemacht haben, und entwickeln Sie jetzt die Bereitschaft, in einen intensiven Prozess der positiven Veränderungsarbeit einzutreten.

Die Chinesen verwenden für das Wort »Krise« zwei verschiedene Zeichen, die vergegenwärtigen, dass eine Krise nicht nur belastende und unangenehme Gefühle mit sich bringt, sondern auch eine Chance dergestalt, dass eine schwierige Lebenssituation, die Sie bewältigt haben, zu innerem Wachstum und zur Erinnerung an das in Ihnen liegende Kraftpotenzial führen kann. Das eine Zeichen bedeutet Gefahr, das andere Chance! Ich lade Sie ein zu einer Veränderung Ihrer bisherigen Gedanken über Ihre Ängste und zu einem selbstverantwortlichen Prozess, in dem Sie sich all den Gefühlen stellen, die Sie bisher auf keinen Fall haben wollten. Akzeptieren Sie Ihre Angst und lernen Sie,

- dass Sie kein Einzelfall sind, da Millionen andere die gleichen oder ähnliche Ängste haben;
- dass Sie mit den richtigen Methoden die Kraft haben werden, negative Gedanken zu verändern;
- dass auch Fehler, die Sie machen, sinnvoll sind;
- wie Ihre Angstgefühle zu Ihrem inneren Wachstum beitragen, wenn Sie bewusst mit angsterregenden Situationen umgehen;
- wie Sie sich mit Ihrer Kraftquelle verbinden und dadurch mehr Vertrauen in Fähigkeiten entwickeln und beibehalten können;
- wie Ihre problematischen Gefühle dazu beitragen werden, dass Sie mehr Herausforderungen und Freuden erleben können. Ihre Angst ist wie ein lebendiger Begleiter, der Ihnen Lern- und Übungsaufgaben präsentiert, an denen Sie reifen und wachsen können.

Der Erfolg bei den Klienten, die in meiner Praxis vorsprechen, zeigt, dass Angst bewältigt werden kann. In diesem Buch werden Sie all jene Methoden und Techniken erfahren, die vielen meiner Klienten geholfen haben, ein Leben mit weniger Kontrolle, Anspannung und Druck zu führen und wieder in Verbindung mit der persönlichen Handlungsfähigkeit und Lebensfreude treten zu können. Vor dem eigentlichen Übungsteil finden Sie im Folgenden einige Überlegungen zu Wesen und Formen der Angst. Sie können aber auch weiterblättern und gleich mit den praktischen Übungen beginnen.

Veränderung ist ein Prozess und geschieht in kleinen Schritten. Was zählt, ist Ihre Bereitschaft, sich jetzt mit diesem Buch auf eine Reise der inneren Wandlung zu begeben. Fassen Sie Mut und packen Sie es an! Noch eines: Es kann auch eine vergnügliche Reise werden. All die Zeit und Arbeit, die Sie jetzt investieren, werden sich lohnen. Sie brauchen sich nicht mehr damit abzufinden, ein »furchtsamer, hilfloser, ängstlicher Mensch« zu sein. Sie werden lernen, sich aus eigener Kraft herauszuhelfen. Nehmen Sie sich Zeit, über die verschiedenen Textstellen nachzudenken. Denken Sie daran, dass Ihr persönlicher Fortschritt, gemessen an Ihrem Ausgangspunkt, zählt. Erlauben Sie sich Ihr eigenes Tempo. Jegliche Überforderung würde zu weiterer innerer Anspannung führen und den Lernerfolg erschweren.

Das Wesen von Angst- und Hilflosigkeitsgefühlen

Man muss vor nichts im Leben Angst haben,
wenn man seine Angst versteht.

MARIE CURIE

Angst – wer oder was ist dieses Phantom, von dem wir hier sprechen? Angst – ein abstrakter Begriff, nicht fass- und berührbar und doch spür- und fühlbar? Angst soll für Sie nun greif- und benennbar werden, damit Sie einen anderen Zugang als bisher erhalten. Angst ist ein Wort, das eine Vielzahl unterschiedlichster Gefühle beschreibt. Im Vordergrund steht dabei ein Unlustempfinden, das mit körperlichen Reaktionen verbunden ist, die auf Dauer zu vegetativer Fehlsteuerung führen können. Ihre Angst gehört aber ebenso in Ihr Leben wie Ihre Freude. Sie begleitet Sie vom ersten bis zum letzten Atemzug. Das Angsterleben ist ein Urphänomen. Die Fähigkeit, Angst zu erleben und zu empfinden, gehört zur biologischen Grundausstattung des Menschen. Das Leben des Menschen ist durch Verluste, Trennungen, Auseinandersetzungen, Bedrohungen und Veränderungen gekennzeichnet. Im Lebensverlauf sich ergebende Wandlungen können als Unsicherheit und mögliche Beängstigung erlebt werden. Die Wurzeln der Angst liegen in unserer menschlichen Vorgeschichte begründet. Angst gab es schon immer und wird es auch immer geben.

Angst ist auch ein lebenserhaltender Akt, denn durch sie werden schnelle Reaktionsformen in Bedrohungssituationen möglich. In einem Segelboot, weit vom Ufer entfernt, können die ersten Anzeichen eines herannahenden Sturmes zur Entwicklung von Angst führen (vor allem dann, wenn kaum Segelerfahrungen vorhanden sind). Die auftretende Angst bewirkt, dass Sie schnellstmöglich ans Ufer segeln. Angst mobilisiert Kräfte, damit Sie fliehen oder das Bedrohliche abwehren können. Als solches hat die Angst eine lebensnotwendige Funktion, da sie vor tatsächlichen oder möglichen Gefahren warnt. Angst als Schutzreaktion wirkt somit lebenserhaltend und die damit verbundene erhöhte Adrenalin-Ausschüttung sorgt dafür, dass Sie entscheidungsbereit sind. Ohne Angst würden Sie sich in der geschilderten Gefahrenlage oder auch in anderen Situationen unpassend verhalten. Die Angst bewirkt, dass Sie schneller reagieren und Abwehrmaßnahmen einleiten.

Angst erfüllt heute oft nicht mehr die ursprüngliche lebenserhaltende Funktion, die auf objektive Gefahren hinweist und Ausdruck eines allgemeinen Schutzsignals ist. Neben der berechtigten Angst vor Naturkatastrophen, vor Schmerzen, vor Krieg und Krankheit stellen sich in der heutigen Zeit auch Angstvorstellungen über mögliche Gefahren ein, die der Realität nicht angemessen sind (beispielsweise diffuse, nicht zu begründende Bedrohungsgefühle oder konkrete Situationsängste, wie zum Beispiel die Angst, frei zu sprechen oder anderen gegenüber die eigene Meinung zu vertreten). Durch die Angst werden körperliche Prozesse aktiviert und Sie reagieren dann wie im Falle einer realen Gefahr mit Flucht- oder Kampfreaktionen.

Angst ist, wenn sie nicht in reale Handlung umgesetzt werden kann, sehr belastend. Sie engt den Denk- und Handlungsspielraum ein und verändert auch für kürzere oder längere Zeit das Erleben und Verhalten. Angstgefühle können durch die intensive gedankliche Beschäftigung mit Angstinhalten zu Depressionen und Selbstunsicherheit führen und die persönlichen Handlungsmöglichkeiten stark einschränken. Die inneren Befürchtungen schlagen sich dann auf der Verhaltensebene nieder, sodass bestimmte Handlungen unterlassen werden oder es aufgrund der erlebten Angst zu Überreaktionen (zum Beispiel Panikanfällen) kommt. Angst lähmt, macht passiv und hilflos, nimmt Hoffnung und Mut, macht einsam und verlassen. Die meisten Ängste rufen beim Betroffenen Selbstzweifel und Schuldgefühle hervor. Ängste, die in verschiedenen Situationen mehrmals aufgetreten sind, lassen sich selten wirklich vergessen. Sie werden zu einem »dunklen Schatten«. In einer tieferen Schicht, nämlich Ihrem Unterbewusstsein, wirken auch unterdrückte Ängste weiter. Sie lassen sich nur für kurze Zeit verdrängen und kommen in den unpassendsten Momenten immer wieder an die Oberfläche.

Hilflosigkeit als Sie begleitendes Grundgefühl kann in den unterschiedlichsten Situationen auftreten und steht in enger Beziehung zur Angst. Hilflos sein heißt, dass man auf die Hilfe von anderen angewiesen ist, weil zu wenig Selbstvertrauen vorhanden ist, um Handlungen aus eigenem Antrieb durchzuführen.

Im Folgenden sollen die allgemeinen Erscheinungsformen und Symptome von Angst beschrieben werden.

EINSICHT

> Angst ist normal und kann Leben verlängern, da sie vor Gefahren schützt.
> Ängste werden als Reaktion auf bestimmte Lebensumstände ausgelöst.
> Bedrohungs- und Angstgefühle können auch dann auftreten, wenn keine objektive Gefahrensituation gegeben ist.

Zwei Gefühle stellen sich vor: Angst und Hilflosigkeit

Dieses Kapitel soll das Thema »Angst« für Sie klarer erfassbar werden lassen. Im Folgenden sollen Ihre Angstinhalte in verschiedene Kategorien zusammengefasst und in Bereiche unterteilt werden. Überlegen Sie beim Lesen auch, in welchen Bereich Sie Ihre Angstgefühle einordnen würden, wobei sicherlich auch Überschneidungen auftreten werden. Ihre Überlegungen können zu einer Versachlichung Ihres persönlichen Problems beitragen. Sie können so eine vorteilhafte Distanz zu Ihrer Angst gewinnen.

Angstart I: Realistische Lebensängste
Hierbei handelt es sich um Ängste, die sich auf reale Situationen beziehen und mit denen jeder von uns mehr oder weniger konfrontiert ist, wie zum Beispiel die Angst vor Kriegen, Terroranschlägen, Finanzkrisen, Naturkatastrophen oder die mit dem Altern verbundenen Probleme. Mit diesen Ängsten müssen wir leben lernen, da diese alle Menschen betreffen und Handlungen nur beschränkt Veränderungen einleiten können.

ANGST
Existenzielle Ängste vor Verlusten, Schmerzen und Tod.

EINSICHT
Angst ist ein Bestandteil des menschlichen Lebens und ein natürlicher Lebensbegleiter.

HEILUNG
Akzeptanz der menschlichen Grundängste, zielgerichtetes positives Denken, Gegenwartsbezug.

Angstart II: Handlungsängste

Während Lebensängste allgemeine Grundbefindlichkeiten sind, erscheinen Handlungsängste, wenn der Mensch vor Aufgaben und Entscheidungen steht, die für sein persönliches Leben von Bedeutung sind. Sie werden durch äußere Bedingungen und Umstände ausgelöst, die Handlung erfordern würden. Handlungsängste treten in Situationen auf, in denen wir uns bewusst für eine Veränderung unserer bisherigen Lebensumstände entscheiden, wie zum Beispiel für einen Berufswechsel, eine Urlaubsreise an einen noch unbekannten Ort oder eine Prüfung, die wir bestehen wollen.

ANGST

Konkrete Situationen, auf die durch eigene Handlung
Einfluss genommen werden kann.

EINSICHT

Angst vor Neuem und Unbekanntem ist ein normaler
Bestandteil jedes Handlungsprozesses.

HEILUNG

Aktion, Handlung, Mut und Entwicklung von Vertrauen in
die eigenen Bewältigungsfähigkeiten.

Angstart III: Hilflosigkeitsängste

Zahlreiche Auslöser können dazu führen, dass Hilflosigkeitsängste in den unterschiedlichsten Alltagssituationen auftreten und den Handlungsspielraum erheblich einschränken. Hilflosigkeitsängste haben ihre Ursachen in Konfliktgedanken, unerfüllten Wünschen, negativen Selbstgesprächen und Befürchtungen.

Vergegenwärtigen Sie sich folgendes Beispiel: Jemand bewirbt sich um eine neue Stelle. Eigentlich fühlt er sich aufgrund seiner

Fähigkeiten der neuen Position durchaus gewachsen, andererseits ist die neue Aufgabe ungewohnt und löst Ängste aus. So kann es passieren, dass ihm während des Vorstellungsgespräches folgende Gedanken durch den Kopf gehen: »Ich bin unfähig und viel zu dumm für diese Aufgabe.« Wenn dieser unerwünschte Gedanke wie in einer Sprechblase von allen Anwesenden gesehen werden könnte, würde er die Stelle sicherlich nicht bekommen. Glücklicherweise ist dies nicht der Fall, aber der innere Kampf, der mit solchen Negativgedanken verbunden ist, erfordert Kraft, lenkt ab, führt zu Anzeichen von Nervosität und macht hilflos. Der Bewerber verspricht sich, wird rot und kann sich nicht gut darstellen. Es ist daher besonders wichtig, das negative innere Selbstgespräch bewusst werden zu lassen, um herauszufinden, welche Gedanken dazu beitragen, einen Zustand der Angstbereitschaft aufrechtzuerhalten.

Hilflosigkeitsängste können sich auf das Lebensgefühl auswirken. Sie führen zu Mutlosigkeit und zu einem Verlust des Selbstvertrauens.

ANGST

Negative Gedanken stehen im Vordergrund. Sie haben negative Auswirkungen auf das persönliche Verhalten.

EINSICHT

Das negative Selbstgespräch kann bewusst gemacht und umgestaltet werden.

HEILUNG

Veränderung negativer Gedanken und Einstellungen. Lernen Sie, negative Selbstbewertungen wegzuschieben und positiven Vorstellungen Raum zu geben.

Nachfolgend genannte Ängste treten im Rahmen der Hilflosigkeitsängste besonders häufig auf:

Soziale Ängste

Hier handelt es sich um die Angst, in Gegenwart anderer Menschen unangenehm aufzufallen, zu versagen oder sich so zu verhalten, dass einen andere belächeln oder negativ beurteilen. Soziale Ängste beinhalten die übersteigerte Befürchtung, von anderen
(zum Beispiel von Freunden und Kollegen) abgelehnt zu werden.
Die soziale Angst führt häufig zu Rückzug vor möglichen Kontakten, beruflichen Einschränkungen und in letzter Konsequenz
zu Vereinsamung, weil berufliche und familiäre Ereignisse gemie-
den werden. Die Angst vor dem Versagen im Umgang mit anderen Menschen kann übermächtig werden, die psychische und
körperliche Anspannung wächst und das Gefühl der Hilflosigkeit
kann schließlich zu einem Verlust von Selbstwertgefühl und
Selbstvertrauen führen.

ANGST

Zweifel an der Fähigkeit, sich in sozialen Situationen angemessen verhalten zu können.

EINSICHT

Die Fähigkeit, auf andere Menschen zuzugehen, lässt sich
üben und lernen.

HEILUNG

Aktives Handeln schafft Raum für neue Erfahrungen.

Angst vor den eigenen Gedanken

Man steigert sich in problematische und angsterregende Gedanken hinein. Es sind Gedanken, die sich wie ein Bumerang gegen

das eigene Ich richten. Hierzu zählen auch Gedanken, die sich ständig wiederholen, die immer wieder in gleichem Wortlaut formuliert werden und mehrmals täglich in den unpassendsten Situationen auftauchen.

Beispiele: Frau S. befürchtet, dass sie sich etwas antun könne. Jedes Messer und jede Schere im Haushalt lösen den angstbesetzten Gedanken aus, dass sie die Kontrolle über sich verlieren könnte.

Frau A. denkt daran, dass sie beim Einkaufen stürzen könnte, und verlässt schweißgebadet das Haus.

ANGST

Problematische und belastende Gedankeninhalte.

EINSICHT

Gedanken lösen Gefühle und Körperreaktionen aus.

HEILUNG

Bewusstmachung ungünstiger Gedanken und deren positive Umgestaltung.

Zukunftsängste

Wenn Sie zu den Leuten gehören, die Angst vor der Zukunft haben, zum Beispiel in finanzieller Hinsicht, leben Sie in ständiger Katastrophenerwartung. Diese Form der Angst entsteht, weil Sie zukünftige Ereignisse und Ungewissheiten als bedrohlich wahrnehmen. Sie haben Angst davor, das Bekannte und Vertraute zu verlieren. Sie haben nur wenig Vertrauen in Ihre Fähigkeiten, schwierige Situationen bewältigen zu können. Eine Konfrontation mit ungeplanten Ereignissen kann oft blitzschnelle Handlungen erfordern. Hierbei dominieren gegenwärtige Erwartungen, die sich auf eine angsterfüllte Zukunft richten, wobei in der Regel das Misslingen der zukünftigen Aktionen antizipiert wird.

ANGST

Angst vor unbekannten Entwicklungen und Ungewissheiten.

EINSICHT

Es gibt letztlich keine Sicherheit. Es geht darum, sich für den gegenwärtigen Augenblick zu öffnen und darauf zu vertrauen, dass Sie auch zukünftige Situationen gut bewältigen können.

HEILUNG

Aufbau von Vertrauen und Loslassen von unrealistischen Erwartungen.

Angstart IV: Phobische Ängste

Das Wort »Phobie« wird für eine Vielfalt von Ängsten eingesetzt. Phobien sind Ängste, die sich auf Situationen oder Gegenstände beziehen, die normalerweise relativ harmlos sind. Unter den Phobien treten folgende Ängste häufig auf: Angst vor scharfen Gegenständen, Angst vor der Fahrt mit Verkehrsmitteln wie zum Beispiel S-Bahnen, Flugzeugen, Autos, Angst vor Schlangen und Bakterien, Angst vor dem Aufenthalt in geschlossenen Räumen, Angst vor äußeren Einflüssen wie Gewitter und Dunkelheit. Charakteristisch für Phobien ist, dass der Phobiker ganz genau weiß, wodurch die Angstreaktion ausgelöst wird (zum Beispiel in Aufzügen oder beim Überqueren von großen Plätzen). Dem Phobiker ist zwar meistens bewusst, dass das Objekt seiner Angst an sich harmlos ist, doch stellt sich trotzdem eine intensive Bedrohungserwartung ein.

Sehr verbreitet ist die Agoraphobie oder Platzangst. Sie kann sich in der Anfangsphase so zeigen, dass man ungern zum Einkaufen oder in Lokale geht und Panik entwickelt, das häusliche

Umfeld zu verlassen. Der Bewegungsradius schränkt sich ein und in extremen Fällen sind die Konsequenzen einer Phobie, dass die Wohnung tatsächlich nicht mehr verlassen wird (mögliche Folgen: Verlust der Arbeitsstelle, Verlust von Kontakten, familiäre Probleme).

ANGST
Phobien haben innere Ursachen und gründen nicht in den äußeren Umständen, auf die sie sich beziehen. Es findet vielmehr eine Verschiebung von Ängsten auf konkrete Gegenstände statt.

EINSICHT
Das im Zusammenhang mit einer Phobie auftretende Vermeidungsverhalten und der Rückzug aus dem sozialen Leben sind keine Lösung.

HEILUNG
Entwickeln von neuen und hilfreichen Handlungsstrategien.

Gemeinsamkeiten bei allen Angstarten
Jede Angst unterscheidet sich zwar von der anderen, jedoch gibt es auch gewisse Gemeinsamkeiten, denn es handelt sich meistens um einen unangenehmen und spannungsreichen emotionalen Zustand. Die innere Einstellung ist bei jeder Angstart vergleichbar, nämlich die Annahme, dass Sie davon überzeugt sind, mit einer schwierigen Situation nicht zurechtkommen zu können. Diese Befürchtung verbindet sich mit einem negativen inneren Dialog, der Ihnen möglicherweise nicht einmal bewusst ist. Sie werden im praktischen Übungsteil die Gelegenheit erhalten, Ihre inneren Sätze zu überprüfen.

Für Sie als Leser ist es nicht wichtig, über mögliche Entstehungsbedingungen von Ängsten informiert zu sein, sondern es geht darum, praktische Schritte zur Angstbewältigung auszuprobieren. Letztlich sind die Inhalte der verschiedenen Ängste austauschbar, weil der Ablauf des Angstgeschehens (gedanklich, emotional, körperlich) ähnlich verläuft. Ängste sind unangenehme Gefühlszustände, die Hilflosigkeit, Panik, Depression und einen chronischen Zustand der Anspannung hervorrufen können. Mit den belastenden Gefühlen verbunden sind autonome Körperreaktionen und physiologische Begleiterscheinungen (Veränderung der Atmung, vermehrte Herztätigkeit, Schwindel, Magen- und Darmbeschwerden). Sie glauben, mit dem Leben nicht zurechtzukommen. Sie beginnen sich zu vergleichen. Sie glauben, dass andere das Leben besser bewältigen können als Sie, und laden mit diesen Gedanken Selbstunsicherheit und Hilflosigkeit geradezu ein. Die damit verbundenen Annahmen über das eigene Versagen haben Auswirkungen auf Ihre Selbstachtung und Ihr Selbstwertgefühl.

Was läuft gedanklich, körperlich und emotional ab, während Sie Angst haben? Die Beschreibung der angstbegleitenden Komponenten lässt sich in folgende Kriterien aufgliedern:

- körperliche Auswirkungen von Angstgefühlen;
- Auswirkungen von Angstgefühlen im Verhaltensbereich;
- Auswirkungen Ihrer Gedanken auf das Angsterleben.

Allgemeine Auswirkungen und Symptome von Angst

Körperliche Auswirkungen von Angst

Angst ruft genau feststellbare körperliche Veränderungen hervor. Meist treten mehrere körperliche Begleiterscheinungen gleichzeitig auf, wobei die Intensität der körperlichen Angstreaktion vom Ausmaß der erlebten Angst abhängig ist. Prüfen Sie selbst anhand der nun aufgeführten Körperreaktionen, welche die für Sie typischen körperlichen Angstsymptome sind: allgemeine Reizbarkeit und Überempfindlichkeit, Müdigkeit, verstärktes bzw. beschleunigtes Herzklopfen, Schwindel, Benommenheit, Schlafstörungen, Schweißausbrüche (»kalter Schweiß«, Angstschweiß, Frieren), Unwohlsein, Händezittern, Durchblutungsänderungen der Haut, die Blässe oder Röte verursachen, Gefühl der Enge im Hals, Schaudern, Beben, Mundtrockenheit, Muskelkrämpfe und Muskelverspannungen, Schwächegefühl in den Knien, Veränderungen des Atemrhythmus, Hyperventilation, Druck- oder Beklemmungsgefühle auf der Brust, Veränderung der Magen- und Darmtätigkeit, des Muskeltonus und Kribbelparästhesien (= störendes Hautgefühl, so als ob Ameisen darüberlaufen würden).

Solche Körperreaktionen machen hilflos, weil sie dazu führen, dass Sie glauben, keine Kontrolle über sich und Ihren Körper zu haben. Sie werden sicherlich nicht alle der angeführten Symptome gleichzeitig erleben, jedoch auch nur einige hiervon können sehr unangenehm sein und bewirken, dass Sie sich bei der Bewältigung der einfachsten Alltagsaufgaben abgespannt und verlangsamt fühlen.

Es soll Ihnen jetzt verständlich dargelegt werden, wie es dazu kommen kann, dass sich körperliche Reaktionen einstellen. Das Zusammenwirken zwischen Psyche und Körper wird durch das vegetative oder autonome Nervensystem gesteuert. Dies arbeitet, ohne dass Sie sich dessen bewusst wären, da es sich der willentlichen Kontrolle entzieht. Das vegetative Nervensystem kontrolliert die Muskelbewegungen, den Blutkreislauf, das Herz, die Atmung, die Hautreaktion und die endokrinen Drüsen. Es reguliert auch die Funktionsfähigkeit der inneren Organe, wie Herz, Lunge, Nieren und Leber. Wenn Sie zum Beispiel griechische Musik hören und sich an Ihren letzten gelungenen Urlaub dort erinnern, werden durch diese Erinnerung auch körperliche Reaktionen ausgelöst. Eine freudige Erinnerung bewirkt beispielsweise eine Erweiterung der Hautkapillaren des Gesichts.

Ein schreckvolles Ereignis oder bedrohliche Gedanken führen zu Körperreaktionen, die den Körper in Alarmbereitschaft bringen. Das vegetative Nervensystem arbeitet hierbei wie ein Computer. Bei entsprechendem Tastendruck wird das Programm zur Fehlerbehebung eingeschaltet. Angstbezogene Gedanken bzw. ein angstauslösender Umweltreiz sind dabei die auslösende Programmtaste, durch die das Gefahrensignal auf die Hirnrinde einwirkt. Im Hypothalamus (einem Teil des Zwischenhirns) entstehen Emotionen, die an die Hypophyse (die Hirnanhangsdrüse) weitergeleitet werden. Weitere Prozesse finden statt, die letztlich dazu führen, dass das Hormon Adrenalin ausgeschüttet wird. Der Organismus wird dadurch in den Zustand der Kampf- und Fluchtbereitschaft versetzt. Die starke Erregung und die damit verbundene Ausschüttung von Adrenalin führen zu einer Aktivierung des sympathischen Nervensystems. Die Herzschlagrate nimmt zu, der Blutdruck steigt und gleichzeitig wird vermehrt Blut in die einzelnen Muskeln gepumpt. Insbesondere die Arm- und Beinmuskeln werden mit vermehrter Blutzufuhr versorgt, damit die Leistungsfähigkeit dieser Muskeln gesteigert ist. Die Beine sind somit zur Fluchtreaktion bereit und könnten Sie aus der gefährlichen Situation heraustragen. Der ganze Körper bereitet sich auf einen Notfall vor. Ihre Atemfrequenz nimmt zu. Sie nehmen mit Ihrem Atem nun zusätzlichen Sauerstoff auf, damit mehr Energie in Ihr Herz gepumpt wird und somit die schnelle Herzschlagrate aufrechterhalten wird.

Aufgrund der den verschiedenen Muskelpartien zuströmenden erhöhten Blutzufuhr sind die verschiedenen Partien bereit, in Aktion zu gehen und »loszuspringen«. Da Arme und Beine extra Blutzufuhr für die Muskeltätigkeit benötigen, wird dieses Blut, das gewöhnlich in den Magenbereich fließt, hiervon abgezogen und stattdessen in Arme und Beine geschickt. Dies verursacht ein flaues Gefühl im Magen und möglicherweise Magen- und Darmbeschwerden (Blähbauch, Druckgefühl und ziehende Schmerzen im Oberbauch). Es wird mehr und zusätzliche Energie verbraucht, die Körpertemperatur steigt an und die Schweißproduktion wird angeregt, damit sich die Körpertemperatur wieder senken kann. In dieser Phase wird meist noch mehr und häufiger eingeatmet. Die nochmalige Zunahme der Atemtätigkeit in Zusammenhang mit einer erhöhten Herzschlagfrequenz beeinflusst auch die gesamte Blutversorgung des Gehirns. Schwindelgefühle und Spannungskopfschmerzen können sich nun einstellen.

Im Zustand von Erregung, Hilflosigkeit und Angst wird meist ein Organsystem stärker als ein anderes aktiviert. Die meisten Menschen reagieren individuell verschieden und lassen sich entsprechend ihrer Reaktionsform in verschiedene Typen unterteilen. Beim sogenannten Magen-Darm-Typ beispielsweise führt die Erregung zu Kreislaufproblemen (zum Beispiel Schwindel und Herzrasen). Obwohl sich das vegetative Nervensystem der Kontrolle entzieht, können Sie gewisse Methoden erlernen, die dazu führen, dass dieser von der Psyche initiierte, gleichsam psychosomatisch ablaufende Regelkreis durchbrochen werden kann.

EINSICHT

Körperliche Reaktionen sind nicht Ausdruck eines Krankheitsgeschehens, sondern zu erwartende Reaktionsfolgen auf angstauslösende Gedanken oder Umweltreize.

NÜTZLICHE ANREGUNGEN

> Machen Sie eine Bestandsaufnahme! Welche körperlichen Reaktionen treten bei Ihnen auf? Welche Symptome überwiegen im Allgemeinen?
> Welcher Angstreaktionstyp sind Sie? Verwenden Sie folgende Orientierungshilfe, um eine körperliche Analyse Ihres Angstgeschehens vorzunehmen.

Der *Herz-Kreislauf-Typ* reagiert mit Herz-, Atem- oder Kreislaufbeschwerden, Blutdruckschwankungen und Schweißausbrüchen.

Der *Magen-Darm-Typ* reagiert mit Magenschmerzen, Magendrücken und allgemeiner Übelkeit.

Der *diffuse Erregungs-Typ* reagiert mit Unruhe, Zittern, Erröten oder Erblassen und erhöhter Nervosität.

Auch Mischtypen können auftreten.

Auswirkungen von Angstgefühlen im Verhaltensbereich

Angst und deren körperliche und emotionale Auswirkung (Hilflosigkeit) werden als so unangenehm erlebt, dass angstvermeidende Handlungen auftreten können und/oder versucht wird, die unangenehmen Gefühlszustände durch die Einnahme von Medikamenten (zum Beispiel Beruhigungsmittel) zu beseitigen. Die Vermeidung von Aktivität führt zu einer erheblichen Einschränkung im Lebensalltag, und womöglich haben Sie schon Leute kennengelernt (oder gehören selbst zu diesen), die nicht mehr in Lokale, ins Kino oder Theater gehen, da die dort auftretende Platzangst nicht ausgehalten wird. Der Angst wird ausgewichen. Das Alltagsleben wird so organisiert, dass man das nicht tut, was Angst auslösen könnte. Im schlimmsten Fall kann die Vermeidung dazu führen, dass Sie das Haus kaum mehr verlassen, öffentliche Verkehrsmittel nicht mehr benützen und sich all den Situationen entziehen, die unangenehme Gefühle vermitteln könnten. Der Preis, den Sie dafür bezahlen, ist hoch: Wenn Sie gewisse Situationen mehrmals vermieden haben, wird jeder weitere Versuch, die Konfrontation mit der jeweiligen angsterregenden Situation auszuhalten, schwierig. Vermeidung führt dazu, dass Sie das Vertrauen zu sich selbst verlieren und irgendwann einmal wie selbstverständlich davon ausgehen, dass Sie auch alltäglichen Aufgaben des Lebens nicht mehr gewachsen sind. Vermeidung von Situationen beseitigt die Angstgefühle jedoch nicht und stellt deshalb keine Lösung dar, denn im Leben ist Handeln angesagt. Das Davonlaufen vor einer angsterregenden Situation führt dazu, dass die angstauslösende Situation unbearbeitet bleibt. Die Angst wird gleichsam bekräftigt und wirkt in einer ähnlich gearteten Situation weiter. Ihr Rückzug verhindert die Möglichkeit, positive Erfahrungen zu machen.

Es handelt sich bei der Vermeidung keineswegs um einen vorteilhaften Selbsthilfeversuch. Das Bemühen, Ängste durch Vermeidung zu überwinden, führt zu einem Teufelskreis oder einer Spirale sich vertiefender Ängste. Erleichterung stellt sich nur kurzfristig ein. Die Angstneigung mit dem dazugehörigen Angstinhalt wird erneut bestätigt und Ihre persönliche Misserfolgserwartung steigt, wobei die Konsequenzen dann vergleichbar mit einer schleichenden Krankheit sind. Sie beginnen, sich selbst negativ zu bewerten, verlieren Vertrauen in Ihre Problemlösefähigkeiten und werden irgendwann wie selbstverständlich davon ausgehen, dass Sie in Ihr Lebensgeschick nicht verhaltens- und situationsverändernd eingreifen können. Die hierbei aktivierten Hilflosigkeitsgefühle können auch zu einer veränderten Wahrnehmung und zu einem eingeschränkten Gesichtsfeld führen. Ihr Denken ist einseitig auf Situationsvermeidung und die damit anfallenden Probleme konzentriert. Sie verpassen Handlungsmöglichkeiten, die zu positiven und angenehmen Ergebnissen führen könnten. Ein aussichtsloser Zustand? Denken Sie doch einmal darüber nach, wie vorteilhaft es sich auf Ihr Selbstwertgefühl auswirken würde, wenn Sie trotz Ihrer Angst Handlungen durchführten. Bedenken Sie auch, dass das Aushalten angstauslösender Situationen zu Erfolgserlebnissen führen kann.

EINSICHT

Angst kann durch die Vermeidung angstauslösender Situationen nicht aufgelöst werden. Das Ausweichen hemmt Ihre Entwicklung und bedeutet – langfristig betrachtet – Stagnation, Verlust an Selbstvertrauen und Zunahme von Hilflosigkeit und Unsicherheitsgefühlen.

> Erinnern Sie sich an eine Situation in Ihrer Vergangenheit, in der Sie sich überwunden haben und etwas ausprobierten, das Sie als beängstigend empfanden. Welche angenehmen Gefühle traten danach auf?

> Denken Sie nun ganz bewusst an die Vorteile, die diese Handlung herbeiführte (positive Reaktionen anderer, schöne Erlebnisse, mehr Mut).

Auswirkungen der Gedanken auf das Angsterleben

Sie leben in zwei verschiedenen Welten: einer äußeren und einer inneren. Die in der äußeren Welt auftretenden Gefahren können Sie in klare sprachliche Begriffe fassen und sich mit Ihren Mitmenschen darüber austauschen. Ihre innere Welt der Empfindungen, Wahrnehmungen, Eindrücke und Gedanken dagegen ist sehr schwer genau zu fassen, und so werden Sie sich nur mit wenigen Menschen darüber austauschen. Die in Ihrer inneren Welt vorhandenen, schwer auszudrückenden Gedanken über mögliche Gefahren oder über die eigenen mangelnden Fähigkeiten, diese Gefahren zu meistern, tragen entscheidend zur Entwicklung von Angstbereitschaft bei. Wie oft wünschen Sie sich, die unablässig »Negatives« produzierende »Gedankenmaschine« einfach abstellen zu können? Die Ihnen ständig einredet, dass etwas Schreckliches passieren könnte? Negative Gedanken ziehen auch negative Gefühlszustände nach sich, die wiederum Ihre Fehlurteile verstärken. Sie konditionieren sich geradewegs auf Ihre Angst. Die folgenden Denkmuster sind Ihnen vermutlich aus leidvoller Erfahrung nur zu gut bekannt. Sie bedingen und begünstigen Gefühle von Angst und Hilflosigkeit.

Gedankenfehler I: Alles-oder-nichts-Denken

Diese Form des Denkens lässt sich dadurch charakterisieren, dass Sie sich und Ihre Umwelt entweder nur »positiv« oder nur »negativ« beurteilen. Sie haben nicht gelernt zu differenzieren, das heißt mögliche Alternativen zu bedenken. Sie bewerten jede Situation voreilig als »gut« oder »schlecht«, ohne die jeweiligen Besonderheiten wahrzunehmen.

Beispiel: »Weil mich der Kollege heute nicht begrüßte, ist er bestimmt verärgert, weil ich ihn im Team nicht unterstützt habe.« Möglicherweise ist Ihr Kollege jedoch nur schlecht gelaunt oder er war gedanklich einfach abwesend.

Unter das Alles-oder-nichts-Denken fallen auch übertriebene Verallgemeinerungen, wie zum Beispiel »Ich werde es nie lernen«, »Ich bin unfähig«, »Mir kann niemand helfen«. Die häufige Anwendung der Wörter »immer«, »niemals«, »nie«, »jeder«, »alle«, »niemand« deutet auf ausgeprägtes Schwarz-Weiß-Denken hin. Differenziertes Denken drückt sich eher in relativen Begriffen aus, wie »manchmal«, »selten«, »vielleicht«, »oft«, »womöglich« usw.

Lisa, die Angst davor hat, mit dem Bus zu fahren, verstärkt ihre Angst noch, wenn sie sich vorstellt, dass sie mit diesem Bus unbedingt bis zur Endhaltestelle fahren müsse und dass Aussteigen auf keinen Fall erlaubt sei. Sie könnte sich zur Überwindung ihrer Angst ebenso gut vorstellen, erst einmal ein oder zwei Stationen zu fahren und sich in kleinen Schritten an die angstbesetzte Situation heranzuwagen. Auch das kleinste Erfolgserlebnis kann dazu beitragen, weitere Handlungen leichter zu machen.

EINSICHT

Schwarz-Weiß-Denken fördert Stress und Anspannung. Das Bedenken und Erproben von Alternativen wird verhindert.

Gehen Sie liebevoll mit sich um! Erlauben Sie sich kleine
Schritte. Ein weiser Spruch besagt, dass eine Reise von
tausend Meilen mit dem ersten Schritt beginnt. Loben Sie
sich für die kleinen Schritte, die Sie jetzt schon gehen
können.

Gedankenfehler II: Übertragung vergangener Situationen auf die Gegenwart

Einmalige Erfahrungen, die in einer spezifischen Situation gemacht wurden, werden auf alle nachfolgenden Situationen übertragen. Auch dann, wenn die Situation sich zwischenzeitlich
längst verändert hat bzw. die neue Situation kaum mehr Ähnlich-
keit mit der vergangenen aufweist. Sie hatten zum Beispiel irgendwann Angst vor einem strengen Lehrer. Nun begegnen Sie
ängstlich jeder anderen Person, die Sie als Autorität erleben. Sie
übertragen also die einmal erlebte Gefühlssituation auf jede nachfolgende, anstatt genau hinzusehen und wahrzunehmen, ob Ihre
frühere Erfahrung tatsächlich auf diese übertragbar ist. Oder: Sie
haben einmal in der Straßenbahn erlebt, dass Ihnen schwindelig
wurde. Nun haben Sie die Vorstellung, dass dies bei jeder weiteren Fahrt mit der Straßenbahn wieder passieren könnte. Dies
könnte dazu führen, dass Sie irgendwann einmal kein öffentliches
Verkehrsmittel mehr benutzen möchten.

Oder: Sie gehen davon aus, dass Sie bei einer anstehenden Fir-
menfeier nervös und voller Ängste sein werden, weil Sie dies in
einer ähnlichen Situation schon einmal empfunden haben. Sie be-
rücksichtigen bei dieser Negativannahme nicht, dass Sie nicht nur
schlechte Erfahrungen gemacht haben, sondern es gewiss auch
Zusammenkünfte gab, in denen Sie sich durchaus wohl und sicher fühlten. Sie gehen ganz automatisch vom Eintreten des Ne-

gativen aus und tun so, als sei dies völlig normal. Die tatsächlich gegebene Situation wird keiner realistischen Überprüfung unterzogen.

EINSICHT

Die Erinnerung an negative Erfahrungen der Vergangenheit führt zu fehlerhafter Situationswahrnehmung.

HEILUNG

Gegenwartsbezug.

Gedankenfehler III: Vorzeitig beendeter Gedankenkreislauf

Menschen mit Angst- und Panikreaktionen führen auftauchende »Negativgedanken« nicht konsequent zu Ende. Sie kehren gedanklich immer wieder in die Situation der ersten Wahrnehmung des Angstauslösers zurück. Prüfen Sie, ob auch bei Ihnen diese Art des gedanklichen »Kurzschlusses« auftritt.

Beispiel: Sie haben Angst, mit der Bahn zu fahren, weil Sie befürchten, dass diese im Tunnel stecken bleiben könnte. Sie denken intensiv über das mögliche Eintreten dieses Ereignisses nach, stellen sich jedoch nicht vor, was wäre, wenn Ihre Befürchtung tatsächlich eintreten würde. Was könnten Sie dann tun? Was geschieht tatsächlich, wenn der Zug im Tunnel stecken bleibt? Wie könnten Sie sich dann weiterhelfen? Könnten Sie zum Beispiel mit Ihrem Nachbarn ein Gespräch beginnen oder von 1 bis 100 zählen oder sich zur Beruhigung auf Ihren Atem konzentrieren?

Menschen mit Angstgedanken grübeln viel über das mögliche Auftreten von Angstsituationen nach, überlegen jedoch nicht, was sie selbst tun könnten, wenn die befürchtete Situation tatsächlich eintritt. Eine sachliche Bewältigung des Problems kann nicht stattfinden, da das Denken vorwiegend darauf konzentriert ist, die Angstsituation zu vermeiden oder die damit verbundenen unangenehmen Gefühle zu unterdrücken.

EINSICHT

Das Nicht-zu-Ende-Führen von Negativannahmen trägt zur Angstvermehrung bei.

HEILUNG

Konsequentes Zu-Ende-Führen der angstbezogenen Gedanken führt zu Erleichterung und Entspannung.

Gedankenfehler IV: Voreilige Schlussfolgerungen und Annahmen

Vorwegannahmen führen dazu, dass die jeweilige Situation nicht richtig erkannt und eingeschätzt werden kann. Die Beurteilung einer Situation, in der Sie sich auf vage Interpretationen stützen, ohne hilfreiche Fakten mit einzubeziehen, fördert unangemessene und angsterzeugende Gedankengänge. Wenn Sie sich zu schnell eine Meinung von etwas bilden und daraus entsprechende Schlussfolgerungen ableiten, ist die Wahrscheinlichkeit ziemlich groß, dass Sie Wesentliches übersehen.

Beispiel: Arne befürchtet, er könne in Anwesenheit noch nicht vertrauter Menschen zu stottern beginnen, und meidet daher jede Gesellschaft, um sich nicht zu blamieren. Das Einbeziehen hilfreicher Fakten würde hier etwa bedeuten, zu überlegen, bei welchen Menschen denn die Befürchtung zu stottern größer wäre: eher bei Älteren oder bei Jüngeren, bei Männern oder Frauen, in welchen sozialen Situationen, zu welcher Tageszeit, in welcher Umgebung etc. Der Klient könnte so erkennen, dass seine Angst keineswegs überall und bei jedem Menschen auftritt, sondern er von Teilaspekten gewisser Situationen verunsichert wird. Gerade diese Situationen sollte er nun bewusst aufsuchen, um etwas hinzulernen. Voreilige Annahmen blockieren die angemessene Wahrnehmung der gegenwärtigen Situation.

EINSICHT

Jede Situation ist anders.

HEILUNG

Außenweltbezug, Recherchieren möglicher Fakten.

Gedankenfehler V: Katastrophendenken

Diese Art des Denkens bezeichnet die Angewohnheit, sich stets und sofort das Allerschlimmste, das jeweils passieren könnte, vorzustellen. Kommt Ihnen das bekannt vor?

Nehmen Sie sich jetzt Zeit für ein kleines Gedankenexperiment: Stellen Sie sich vor, in Ihrem Wohnzimmer läge ein hungriger Löwe. Verspüren Sie bei dieser Vorstellung Angst? Wahrscheinlich nicht, da Sie diese Idee als unrealistisch empfinden und nicht tatsächlich damit rechnen, einem Löwen in Ihrem Wohnzimmer zu begegnen. Würden Sie jedoch bei einem Zoospaziergang mit Ihren Kindern über Lautsprecher hören, ein Löwe sei aus seinem Gehege ausgebrochen, so würden Sie vermutlich sehr viel eher in Angst oder Panik verfallen. Es wäre möglich, dass der Löwe Sie und Ihre Kinder angreift, und Ihre Angst würde noch zunehmen, wenn Sie den Löwen tatsächlich sehen würden. Sicherlich rechnen Sie dann mit dem Allerschlimmsten und versuchen, sich in Sicherheit zu bringen.

Ihre Gedanken an das Allerschlimmste werden nicht – wie bei unserem Löwenbeispiel – durch eine real gegebene Gefahr hervorgerufen, sondern sie entstehen aufgrund von inneren Befürchtungen. Sie interpretieren viele Reize der Umwelt als Gefahrensignale und verhalten sich so, als ob eine wirkliche Gefahr gegeben sei. Die erwartete Katastrophe führt zu Angstreaktionen und macht hilflos, wenn keine Handlung eingesetzt werden kann, die zur Bewältigung der Situation führen könnte. Erst dann, wenn Sie sich Ihren allerschlimmsten Befürchtungen und den damit verbundenen Angst- und Hilflosigkeitsgefühlen stellen und an Ihrem sogenannten Angstbewusstsein arbeiten, können Sie unvernünftige Katastrophengedanken ablegen.

EINSICHT

Katastrophen ereignen sich höchst selten. Sie sind meistens nur Bestandteil Ihrer Befürchtungen.

HEILUNG

Öffnen Sie sich für die positiven Dinge in Ihrem Alltag. Nehmen Sie wahr, was genau in Ihrem Leben alles so abläuft, wie Sie es sich wünschen.

Gedankenfehler VI: Selbstabwertungen und handlungsblockierende Einstellungen

Selbstabwertungen machen hilflos, wenn sie automatisch ablaufen und Sie diese nicht beeinflussen können. Positive Selbstannahmen können dann nicht dazwischengeschaltet werden. Wenn etwa der Gedanke »Ich kann nichts« Sie schon seit vielen Jahren begleitet, werden Sie diesen Gedanken bewusst gar nicht mehr gegenwärtig haben, jedoch ständig seine Konsequenzen spüren: Sie fühlen sich dann in vielen Situationen ängstlich, angespannt und hilflos.

All die negativen Annahmen und Meinungen, die Sie über sich haben, wirken sich lähmend auf Ihre Handlungskraft aus. Sie tragen dazu bei, dass Sie viele Situationen als verunsichernd erleben oder glauben, diese nicht bewältigen zu können. Sie fühlen sich auch dann hilflos, wenn dies aufgrund Ihrer Fähigkeiten und Ihres bisherigen Lebenserfolges eigentlich nicht sein müsste. Beispiele für solche Selbstabwertungen verbergen sich zum Beispiel hinter folgenden Formulierungen:

- Ich versage in wichtigen Situationen.
- Ich bin schon zu alt, um mich zu verändern.
- Das Leben ist zu gefährlich, um etwas zu wagen.
- Ich kann sowieso nichts erreichen.
- Im Vergleich mit anderen werde ich immer schlechter abschneiden.
- Ich mache alles falsch.
- Ich bin es nicht wert, erfolgreich zu sein.
- Ich habe kein Glück.

Diese Überzeugungen haben sich durch jahrelange Erfahrungen in unserem Unterbewusstsein einprogrammiert und wir sind uns meistens nicht bewusst, in welch hohem Maße die eigenen Überzeugungen in die angemessene bzw. unangemessene Bewältigung von Situationen einfließen. Wenn Sie zum Beispiel aufgrund einschlägiger Erfahrungen in Ihrer Schulzeit davon ausgehen, ein Versager zu sein, werden Sie sich angesichts jeder Leistungsanforderung unbehaglich fühlen und – vielleicht unbewusst – von einem Misslingen ausgehen. Solche handlungsblockierende Einstellungen führen womöglich auch dazu, dass Sie nicht daran glauben, mit diesem Buch Erfolge erzielen zu können, oder aber, dass Sie jeden kleinen Rückfall als Beleg dafür ansehen, dass Sie es ohnehin nicht schaffen.

EINSICHT

Negative Überzeugungen kosten Kraft. Sie blockieren Lebensfreude und das Vertrauen in die eigenen Fähigkeiten.

HEILUNG

Unbewusst wirksame Negativprogramme können nur durch Bewusstmachung verändert werden.

NÜTZLICHE ANREGUNGEN

> Schreiben Sie einige Gedanken auf, die zu Stress und Angstreaktionen führen. Beispiel: »Wenn ich diese Prüfung nicht bestehe, bin ich ein Versager.«
> Überlegen Sie, wie häufig Sie die Worte »nie«, »immer«, »jeder«, »alle« verwenden.
> Welche Katastrophenfantasien gingen Ihnen im Laufe der letzten Woche durch den Kopf?
> Erinnern Sie sich an eine Situation, in der Sie sich hilflos fühlten. Vergegenwärtigen Sie sich diese Situation und erinnern Sie sich daran, was genau Sie in dieser Situation gedacht haben. Was könnten Sie stattdessen denken, um sich aktiver und stärker zu fühlen?
> Denken Sie an eine belastende Zukunftsvorstellung und schreiben Sie diese auf. Fragen Sie sich: Ist das, was Sie konkret befürchten, schon einmal passiert? Falls ja, fragen Sie sich, ob das befürchtete Ereignis jedes Mal passiert, oder ob es auch Ausnahmen gegeben hat und die Situation ganz anders verlaufen ist, als Sie dachten.
> Führen einige Ihrer Gedanken zu ungünstigen Konsequenzen im beruflichen oder privaten Bereich? Beispiel: Der Gedanke »Ich kann mich sowieso nicht durchsetzen« könnte dazu führen, dass Sie sich in vielen Situationen nicht wehren und angemessen handeln können.

Der Angstkreislauf: Ihre Gedanken beeinflussen Ihre Gefühle

Angst ist nur eine Vorstellung. Eine Vorstellung, die ein
falsches Gefühl des Abgeschnittenseins herbeiführt,
ein falsches Gefühl der Isolation, das nur gedanklich existiert.

JERALDINE SAUNDERS

Folgendes Schema kann Ihnen verdeutlichen, wie sich Ihre negativen Gedanken und Befürchtungen auf Ihr Innenleben auswirken. Es zeigt einen sich selbst verstärkenden negativen Kreislauf:

Negative Erwartungen,
Gedanken und
Fantasiebefürchtungen

Verlust von Selbstvertrauen,
Verstärkung der psychischen
und physischen Anspannung

Verkümmerung von
Selbsthilfefähigkeiten,
Entwicklung von
Handlungsunfähigkeit

Blockierte Handlung,
verbunden mit einem hohen
Ausmaß unangenehmer
Empfindungen
(emotional, körperlich)

Hilflosigkeitsgefühle
(sich ohnmächtig den
eigenen Gedanken
ausgesetzt fühlen)

Verdeutlichen wir uns noch einmal die einzelnen Stationen dieses Kreislaufes:

1. Eine Situation erweckt Gefühle der Angst.
2. Hiermit verbinden sich negative Gedanken und Erwartungen. Die angstgeladene Fantasie führt zu verzerrten Wirklichkeitsbildern und beeinflusst Stimmung, Gefühle und Verhalten.
3. Ein Verlust von Selbstvertrauen ist die Folge sowie eine Verstärkung der körperlichen und psychischen Angstsymptome.
4. Die Handlungsfähigkeit ist blockiert. Versagen und Misserfolg treten ein.
5. Negative Erfahrungen verstärken die Gefühle von Hilflosigkeit, schwächen das Selbstwertgefühl und damit die Fähigkeit, sich durch eigene Handlungen zu helfen. Es entsteht der Eindruck, die Angst sei vollkommen berechtigt gewesen.
6. In der nächsten vergleichbaren Situation wird die Angst umso stärker – es steigern sich die negativen Erwartungen.
7. Siehe Punkt 1.

Die Veränderung des Angstkreislaufes

Es gehen Ihnen täglich rund 5000 bis 10000 Gedanken durch den Kopf. Sie können sich bestimmt vorstellen, dass Ihr Allgemeinbefinden nicht gerade gefestigt wird, wenn ein Viertel dieser Gedanken um Gefühle der Angst und Hilflosigkeit kreist. Es kommt darauf an, diesen Kreislauf zu durchbrechen. Wie kann das geschehen? Menschliches Handeln ist kein Automatismus, sondern immer vermittelt über Vorstellungen und Erwartungen, sprich: Gedanken. Eine Veränderung ist nur möglich, wenn Sie Ihre Gedanken bewusst wahrnehmen.

Stellen Sie sich einen Schreibtisch vor, der schon lange nicht mehr aufgeräumt wurde. Alles liegt durcheinander, sodass ein sinnvolles Arbeiten kaum möglich ist. Es ist erforderlich, dass Sie erst einmal sortieren und Ordnung schaffen. Ebenso ist es nötig, Ihre Gedanken mithilfe spezieller praktischer Übungen zu ordnen. Die bewusste Wahrnehmung ist der Ansatzpunkt für neue Denkansätze, die dann ein verändertes Verhalten einleiten. Nur so kann der Kreislauf der Angst durchbrochen werden.

Handeln ist gerade das Gegenteil einer Vermeidungsstrategie! Es geht im Folgenden also um die Entwicklung von Handlungsstrategien. Die Schwierigkeit liegt darin begründet, dass Sie erst einmal Techniken erlernen müssen, um die alten Gewohnheiten und Denkformen zu durchbrechen. Die Aufgabe besteht darin, so viele Gedanken wie möglich in angenehmere, positivere Bahnen zu lenken und Ihr Denken derart zu beeinflussen, dass Sie sich nicht nur mit Themen und Gedanken auseinandersetzen, die sich auf Ihre Angstinhalte beziehen.

EINSICHT

> Ihre Gedanken tragen zur Entwicklung von Angstbereitschaft bei.
> Unangemessene Gedanken führen zu fehlerhafter Situations- und Verhaltensbeurteilung.
> Ihre negativen Gedanken sind zur Gewohnheit geworden und laufen automatisch ab.
> Wenn Sie Ihre Gefühle von Angst und Hilflosigkeit bewältigen möchten, müssen Sie lernen, wie Sie Ihre Gedanken verändern können.

Angstgefühle begleiten Sie überallhin

Die Seele hat die Farbe unserer Gedanken.

MARK AUREL

Anhand der vorhergehenden Ausführungen bemerken Sie sicherlich, wie Ihre Gedanken einen besonderen Einfluss auf die Entwicklung des Angstgeschehens nehmen. Sie produzieren sich Ihr Schreckenskabinett selbst.

Beispiel: Ihr Partner fliegt in eine andere Stadt zu einem Geschäftstermin. Sie malen sich lebhaft aus, wie das Flugzeug auf dem Wege dorthin abstürzt. Trotz aller Befürchtungen stürzt das Flugzeug Ihres Partners nicht ab, sondern er steht am Abend heil und gesund vor Ihnen (vgl. Katastrophendenken). In Ihrem inneren Horrorkabinett wohnen die negativen Stimmen, die Ihnen ständig Misslingen, Fehlschläge oder mangelnde eigene Fähigkeiten vorgaukeln und Ihnen einflüstern, Sie könnten die bevorstehende Situation niemals bewältigen. Dies geschieht insbesondere dann, wenn Sie sich solchen negativen gedanklichen Programmierungen ganz hingeben. Da Sie jedoch ein erwachsener Mensch sind und in Ihrem bisherigen Leben sicher auch eine Reihe von Erfolgen erzielt haben, erscheint es nicht nachvollziehbar, was sich da in gewissen Situationen in Ihrem Inneren abspielt. Sie werden gleichsam zum Zuschauer in Ihrem eigenen Horrorkabinett und sind hilflos den negativen Gedanken und den sie begleitenden Körperreaktionen ausgeliefert. Sie wurden jedoch nicht als ängstliche und furchtsame Person geboren, sondern es handelt sich um Angstgedanken und Angstvorstellungen, die sich im Laufe Ihrer lebensgeschichtlichen Entwicklung herausgebildet haben. Ihre Angst ist nicht angeboren, sondern durch

41

unangemessenes Denken und verschiedene Erfahrungen entstanden. Angst sollte deshalb nicht zu Ihrem inneren Kerker werden, in dem Sie sich verlieren, sondern eine Chance sein, durch die Sie Lösungsmöglichkeiten entwickeln lernen. Sie beschreiten einen neuen Weg und öffnen eine Tür, die in eine gute Zukunft führt.

Über unsere Angst- und Hilflosigkeitsdämonen

Welche Ursachen führen zu Angst- und Hilflosigkeitsgefühlen? Die Beantwortung dieser Frage ist nicht leicht, denn Angst hat vielfältige Gründe, die in ganz unterschiedlichen Theoriemodellen erklärt werden. Der Schwerpunkt im Rahmen dieses Buches soll auf einfachen Erklärungsmodellen liegen, die leicht nachvollzogen werden können. Das Phänomen der Angst gliedert sich in drei Bereiche:

- Körperliche Ursachen von Angst.
- Traumatische Ereignisse im Erwachsenenalter begünstigen die Entwicklung von Ängsten.
- In der Kindheit entstandene Ängste werden ins Erwachsenenleben übertragen.

Körperliche Ursachen von Angst

Körperlich und organisch begründete Theorien über die Entstehung von Angst können Sie – sofern es Sie interessiert – in anderen Büchern nachlesen. Hier sollen nur jene Ursachen von Angst aufgeführt werden, die für Sie von praktischer Relevanz sind. Angst- und Panikattacken können durch körperliche Funktionsstörungen hervorgerufen werden, etwa durch Kalzium- oder

Magnesiummangel. Folgende Erkrankungen und körperliche Fehlsteuerungen können zu übersteigerter Angst führen:

- Unter- oder Überfunktion der Schilddrüse (Hypothyreose/ Hyperthyreose). Angstsymptome werden durch eine Überfunktion der Schilddrüse hervorgerufen bzw. verstärkt. Mit der Schilddrüsenüberfunktion gehen häufig Gewichtsreduktion, erhöhte Körpertemperatur und Schlaflosigkeit einher.
- Erkrankungen der Atemorgane, wie chronische Bronchitis oder Asthma.
- Der Nebennierenmarktumor Phäochromozytom führt zu einer erhöhten Adrenalinausschüttung. Die hierdurch bedingte organismische Überaktivierung führt zu Anzeichen, die mit Angst- und Panikanfällen vergleichbar sind.
- Mit Medikamentenentzug (vor allem nach längerer Einnahme von Benzodiazepinen) können starke Angstzustände, Schwächegefühle, Ein- und Durchschlafstörungen, Konzentrationsstörungen, Sehstörungen, Hitze- und Kältewallungen, Muskelschmerzen und Schweißausbrüche verbunden sein. Die Beschwerden können bis zu drei Wochen andauern.
- Hypoglykämie (= ein extrem niedriger Blutzuckerwert) führt zur Entwicklung angstähnlicher Symptome. Sie entsteht entweder aufgrund unausgewogener Ernährung oder durch eine besonders stresshafte Lebenssituation. Auch bei Diabetikern kann Hypoglykämie in der Folge nicht richtig eingestellter Insulineinnahme auftreten.
- Störungen des Innenohrs, die aufgrund einer Allergie, einer Infektion oder im Rahmen des Menière-Syndroms entstanden sind. Sie führen zu sporadischen Angstanfällen. Zudem sind sie in der Regel mit Schwindelanfällen und Verwirrtheitsgefühlen verbunden.

Wenn Sie glauben, einer der beschriebenen körperlichen Angstauslöser könne auf Sie zutreffen, sollten Sie von einem Arzt abklären lassen, ob nicht möglicherweise eine körperliche Ursache
vorhanden ist, bevor Sie den Prozess der Selbsthilfe und eigen-
verantwortlich durchgeführten Angsttherapie einleiten. Der Arzt
könnte dann mithilfe einiger Untersuchungen abklären, ob sich
Ihr Verdacht medizinisch belegen lässt.

Traumatische Ereignisse im Erwachsenenalter

Ängste treten oft nach längeren Überforderungsphasen auf, zum
Beispiel im Zuge unlösbarer beruflicher und familiärer Krisen
und sonstiger belastender und als traumatisch erlebter Lebens-
ereignisse. Was auch immer bei Ihnen die Ursache sein mag:
Angst ist immer das Ergebnis eines Lernprozesses, der unter bestimmten Umständen stattgefunden hat und wo Einsichten ge-
wonnen und Erfahrungen gemacht wurden, die die Angstent-
wicklung begünstigten. So kann ein traumatisches Erlebnis – ein
Unfall, Mobbing oder der Verlust des Arbeitsplatzes – dazu führen, dass Sie Katastrophenfantasien und Zukunftsängste entwickeln. Angst entsteht dann, wenn Sie eine Situation als ausweglos
einschätzen, wenn Sie kein Vertrauen mehr zu Ihren Bewältigungsfähigkeiten haben. Den meisten Ängsten liegt zugrunde,
dass der Betroffene aufgrund von Erfahrungen ein negatives
Selbstbild entwickelt hat, das im Gegensatz zu den Wünschen
und Zielen des Erwachsenendaseins steht. Die angststeigernde
Wirkung unangemessener Gedankengänge können Sie im nächsten Abschnitt nachlesen.
   Angst und Hilflosigkeit können auch in der Folge einer erlernten Reaktion (Konditionierung) entstehen. Ein Beispiel soll die

Faktoren, die bei einem Konditionierungsprozess wirksam werden, verdeutlichen. Tritt die Angst erstmals in einem Geschäft auf, in dem zufällig eine lange Warteschlange vor der Kasse ansteht, so kann zukünftig allein jede andere Menschenansammlung Angst reaktivieren. Im schlimmsten Falle kann schon der Anblick oder das Betreten eines Geschäftes zum konditionierten Auslöser für die Angsterregung werden. Mehrmaliges Auftreten von Angstreaktionen in spezifischen Situationen führt dazu, dass Sie automatisch immer wieder mit Angst auf die jeweilige Situation reagieren. Wenn Sie zufällig in einem Aufzug waren, als Sie erstmals Herzbeschwerden bemerkten, so kann hieraus die unbewusste Assoziation »Aufzug = Herzbeschwerde« resultieren. Es wird sich die Erwartung einstellen, Aufzugfahrten seien gefährlich und müssten vermieden werden. Oft genügt dann die bloße Vorstellung einer Aufzugfahrt, um Angst auszulösen. Viele Ängste werden aufgrund erlernter Verhaltensmuster aufrechterhalten.

In der Kindheit entstandene Ängste

Im Verlauf der Kindheit können tief greifende Gefühle von Angst und Hilflosigkeit erworben werden. Frühkindliche Prägungen bestimmen, ob Sie auf schwierige Situationen hilflos oder handlungsfähig reagieren. Zahlreiche negative Erfahrungen (zum Beispiel Gewalterfahrungen, Alkoholabhängigkeit eines Elternteils oder Missbrauch) können dazu führen, dass sich ein Kind für hilflos hält und nicht mehr daran glaubt, durch eigene Verhaltensweisen etwas beeinflussen zu können. Diese Überzeugung bedeutet einen Verlust des Vertrauens in das eigene Bewältigungsvermögen und im ungünstigsten Falle wird diese Einstellung oft ein

Leben lang beibehalten. Aus der Kindheit stammende Ängste werden in das Erwachsenenleben mit »hinübergenommen«.

Beispiel: Frau W. berichtet über schwere, von Hitzewallungen begleitete Angstzustände, für die sie keine Ursache finden kann. Durch Übungen (vgl. »Innere-Kind«-Übungen, Seite 137 ff.) erinnert sie sich daran, als fünfjähriges Kind aus einem brennenden Haus gerettet worden zu sein. Die Eltern hatten nie mehr von diesem Ereignis gesprochen und die Klientin selbst hatte es schon längst vergessen. Die wiederbelebte Erinnerung führt dazu, dass Frau W. ihre Angstzustände als nicht mehr so belastend erlebt und ihre Handlungsfähigkeit wieder zurückgewinnt.

Emotionale Konflikte resultieren unter anderem aus unbewussten (»verlorenen«) Erinnerungen, die von ihrem Versteck aus (Unterbewusstsein) Einfluss auf das Leben nehmen. Längst vergessene Konflikte, Enttäuschungen und traumatische Ereignisse können sich störend auf die Bewältigung aktueller Probleme auswirken. Auch längst vergessene Erlebnisse haben ein emotionales Echo, das auf verwirrende und oft beunruhigende Weise beeinflusst.

An dieser Stelle soll der Begriff des »inneren Kindes« erläutert werden. In jedem von uns lebt ein inneres Kind! Obwohl die Kindheit mit dem Älterwerden in die Ferne rückt, erleben Sie möglicherweise immer wieder Situationen, in denen Sie sich hilflos und ängstlich wie ein drei- oder vierjähriges Kind fühlen. Der Kind-Zustand kann ganz langsam mit einer gefühlsmäßigen Wahrnehmung beginnen, die sich irgendwie wie ein früheres negatives Erlebnis anfühlt, oder durch eine spontan auftretende Erinnerung aus der Vergangenheit ausgelöst werden. In solchen Situationen haben Sie nur wenig Zugang zu den Erwachsenenqualitäten des logischen und analytischen Denkens (Einsatz angemessener Problemlösefähigkeiten und sinnvoller Maßnahmen zur Situationsbewältigung). Etwas in Ihnen, nämlich Ihr inneres

Kind, produziert Gefühle wie Angst, Verzweiflung und Hilflosigkeit, die in der gegebenen Situation entweder nicht angemessen sind oder in einem Maße auftreten, das als Überreaktion zu bezeichnen wäre.

Betrachten Sie Ihr inneres Kind als den Persönlichkeitsanteil, der ganz spontan reagiert und – entsprechend der Intensität früherer negativer Erfahrungen – auch die Neigung hat, zu dramatisieren. Dieses innere Kind trägt mit all seiner Neugier und Lebendigkeit, aber auch mit seinen Sorgen und Gefühlen dazu bei, dass Sie sich in manchen Situationen völlig unvernünftig verhalten und wenig Zugang zu erwachsenen Bewältigungsformen haben. Das innere Kind kann zum Beispiel mit einem heftigen Gefühlsausbruch überraschen, wenn jemand Kritik an Ihnen übt. Ihr erwachsener und vernünftiger Verstand weiß möglicherweise ganz genau, dass die kritisierende Person einige Fakten übersehen hat. Ihr inneres Kind kann diese Unterscheidung jedoch nicht treffen und erinnert sich blitzschnell an ein schmerzhaftes Kindheitserlebnis (zum Beispiel an die wiederholt von den Eltern gehörte Bemerkung »Das kannst du nicht« oder »Da kann dir etwas passieren, sei vorsichtiger«). Als Konsequenz stellt sich ein Gefühl der Hilflosigkeit ein, das sich in einem emotionalen Ausbruch (Angst, Aggression, Verzweiflung und Ähnliches) entlädt. Die Wiederbelebung der alten traumatischen Erfahrung könnte bewirken, dass alte Enttäuschungen verarbeitet werden, wenn das dahinterliegende Muster erkannt und bewusst gemacht werden kann.

Schmerzliche Kindheitserfahrungen führen häufig zum intensiven Wunsch, endlich jene Erfahrungen zu bewältigen, wodurch konflikthafte Situationen unbewusst immer wieder herbeigeführt werden. Das innere Kind macht sich in so einem Fall ängstlich oder schreiend bemerkbar, weil es verstanden, gehört und geliebt werden will. All das, was wir als Erwachsene tun und erleben, löst

Gefühlsreaktionen unseres inneren Kindes aus. Das innere Kind wird gegen Sie arbeiten, wenn es negative Programme und angsterzeugende Einstellungen der Eltern übernommen hat. Diese alten Programme üben einen ungünstigen Einfluss aus, weil Sie den Wünschen und Erwartungen des Erwachsenendaseins nach Akzeptanz, Selbstbewusstsein, Ausgeglichenheit und angemessener Konfliktbewältigung entgegenstehen. Die meisten der problematischen Verhaltensmuster (wie auch Angst- und Hilflosigkeitsgefühle) sind in der Kindheit entstanden.

Vergegenwärtigen Sie sich nun folgendes Beispiel: Ein unartiges Kleinkind wird in ein Zimmer eingesperrt. Die Eltern reagieren bewusst nicht auf sämtliche Versuche des Kindes, sich bemerkbar zu machen. Das Kind, das noch nicht in der Lage ist, sich allein zu helfen, kann solche Situationen als existenzbedrohend erleben. Angst entsteht. Die im Unterbewusstsein gespeicherten negativen Erfahrungen können auch im Erwachsenenalter noch wirksam werden. Der Betroffene hat womöglich Angst vor geschlossenen Räumen oder ist nicht imstande, konflikthafte Auseinandersetzungen mit anderen zu ertragen, weil hierdurch intensive Angsterfahrungen ausgelöst werden. Die auftretenden Ängste werden jedoch vom Erwachsenen-Ich als ungerechtfertigt erlebt, da der ursprüngliche Grund nicht mehr erinnert werden kann. Sie machen hilflos, wenn bisherige Bewältigungsversuche erfolglos geblieben sind. Die Befürchtungen des Kindes von damals sind noch heute spürbar.

Ihr inneres Kind wurde von allen früheren Ereignissen berührt und geformt. Es sorgt dafür, dass viele Ihrer Handlungen von Angst, von fehlendem Vertrauen und von Hilflosigkeit geprägt sind. Das innere Kind hat zahllose Angstprogramme verinnerlicht und setzt in Situationen, die das alte Programm auslösen, die damit verbundenen Gefühle frei. Heilung ist nur dann möglich, wenn eine »Entprogrammierung« stattfindet und die Wünsche und Bedürfnisse des inneren Kindes (zum Beispiel nach Anerkennung) endlich Beachtung finden. Das Bestreben des inneren Kindes ist es, neue und befriedigende Erfahrungen zu sammeln, damit die alten Muster endlich beiseitegestellt werden können.

Immer dann, wenn Sie sich hilflos fühlen, möchte Ihr inneres Kind Zuwendung und Aufmerksamkeit erhalten. Erklären Sie Ihrem verwirrten und hilflosen inneren Kind in einfachen Worten, dass die ursprünglich beängstigende Situation vorbei ist und dass Sie ihm helfen werden, die gegenwärtige Situation zu meistern. Sie können mit der Angst leben lernen. Erlauben Sie sich, die Angst Ihres inneren Kindes zu spüren und trotzdem zu *handeln*!

Wissen Sie jetzt, wer das innere Kind ist? Es ist

- jener Teil in Ihnen, der fühlt und empfindet, der genährt, akzeptiert, gelobt und gestreichelt werden möchte;
- der neugierig, kreativ und verspielt ist und
- der sich noch immer an die Schmerzen der Vergangenheit erinnert und deshalb die Gefühle der Unsicherheit, der Einsamkeit, der Angst, des Ärgers oder der Schuld jederzeit wieder aktivieren kann.

Die Eltern als ungünstige Erziehungsmodelle

Die Auswirkungen elterlicher Verhaltensweisen werden leicht unterschätzt. Die Eltern als primäre Bezugspersonen sind die Vorbilder, an denen das kleine Kind sich in den ersten Lebensjahren orientiert. Sie sind die ersten Modelle, die das Kind nachahmt. Wenn ein Elternteil nun in gewissen Situationen besonders ängstlich reagiert, wird das Kind diese Reaktionen unbewusst übernehmen. Die Eltern tragen durch ihr Erziehungsverhalten wesentlich zur Entstehung von Angstbereitschaft bei, wenn sie selbst ängstlich und übervorsichtig sind. Wenn sie mit dem Kind zu oft über mögliche Gefahren sprechen mit Sätzen wie: »Sei vorsichtig, sonst passiert etwas« oder »Das kannst du noch nicht«. Das Kind lernt die Umwelt so als gefährlich wahrzunehmen und entwickelt unangemessene Angstgefühle.

Womöglich haben Ihre Eltern (oder ein Elternteil) durch eine überbeschützende und überfürsorgliche Haltung dazu beigetragen, dass Sie zu wenig reale Erfahrungen bei der Bewältigung schwieriger Situationen machen konnten. So fühlen Sie sich auch heute noch in vielen Problemlagen hilflos und überfordert.

NÜTZLICHE ANREGUNGEN

> Waren Ihre Eltern (bzw. ein Elternteil) besonders ängstlich? Welche der elterlichen Angstthemen haben Sie möglicherweise übernommen?
> In welchen Situationen reagieren Sie vergleichbar ängstlich wie Ihre Eltern?

Eine hohe Erwartungshaltung begünstigt Angstgefühle

Eine hohe Erwartungshaltung der Eltern begünstigt beim Kind die Entstehung von Ängsten. Wenn zum Beispiel die von den Eltern erwarteten Schulleistungen nicht erfüllt werden, stellt sich bei einem Kind die Angst zu versagen ein. Ihr inneres Kind speichert diese Angst und reagiert auch später im Alltag auf Anforderungen entsprechend mit Gefühlen von Angst und Hilflosigkeit. Meist behandeln Sie Ihr inneres Kind in der gleichen Weise, wie Sie als Kind von Ihren Eltern behandelt wurden. Wenn Sie von Ihren Eltern vernachlässigt wurden, tendieren Sie auch heute dazu, die Bedürfnisse Ihres inneren Kindes zu übersehen. Wurden Sie von Ihren Eltern geschimpft, wenn Sie Angst hatten, werden Sie die Ängste Ihres inneren Kindes auch nicht annehmen können und sich wegen Ihrer Angst und Hilflosigkeitsgefühle Vorwürfe machen.

ANGST

Ängste der Kindheit können im Erwachsenenleben weiter-wirken.

EINSICHT

Negative Verhaltensmuster aus der Kindheit können über-wunden werden, wenn Sie eine positive Beziehung zu Ihrem inneren Kind aufbauen.

HEILUNG

Anerkennung der Bedürfnisse des inneren Kindes und Bewusstmachung früherer traumatischer Erfahrungen und der Erziehungshaltung der Eltern.

Medikamente und Alkohol lösen Angstgefühle nicht auf

Beruhigungsmittel (Tranquilizer) sind Medikamente, mit deren Hilfe Angst unterdrückt werden kann. Es handelt sich jedoch keineswegs um Wundersubstanzen gegen die Angst. Sie bieten nur vorübergehende Lösungen an. Auch Alkohol kann zur Entspannung, Angstreduktion (»Mut antrinken«) und Beruhigung gebraucht werden. Die angstauslösende Problematik bleibt jedoch bestehen. Wenn Sie noch keinen angemessenen Umgang mit Ihrer Angst und den Sie begleitenden Hilflosigkeitsgefühlen gelernt haben, mögen Beruhigungsmittel und Alkohol wie Krücken sein, die das Leben erleichtern, weil damit Angstgefühle kurzzeitig verdrängt werden können. Auf Dauer ist Tabletten- und Alkoholkonsum jedoch kein Lösungsweg. Es gibt kein Medikament, das langfristig die Ursachen von Angst und Hilflosigkeit beseitigen könnte. Bei den meisten der heute gebräuchlichen Mittel treten nach längerem Gebrauch körperliche Abhängigkeit und Entzugserscheinungen auf. Schwere Entzugserscheinungen sind insbesondere nach Absetzen von Medikamenten zu beobachten, die kontinuierlich eingenommen wurden (zum Beispiel Valium). Bei täglicher Medikamenteneinnahme darf auch die psychische Abhängigkeit nicht unterschätzt werden. Nach dem Absetzen des Medikaments können verstärkt Angstgefühle, Unsicherheit, Schlaflosigkeit, Übelkeit und Anspannung auftreten. Beruhigungsmittel können auch die Arbeits- und Konzentrationsfähigkeit beeinträchtigen. Sie führen zu Müdigkeit, Energielosigkeit und Verlust der Interessen. Da alle Medikamente die Muskeln entspannen, kann dies zu Unsicherheiten bei Bewegungsabläufen führen. Auch bei Autofahrern ist die Einnahme von Beruhigungsmitteln bedenklich, da sie die Aufmerksamkeit in hohem Maße einschränken. Langzeiteinnahmen größerer Dosen können auch zu Seh-, Sprach- und Gleichgewichtsstörungen führen.

Angst und Anspannung gehören zum normalen Leben und wirken wie eine korrigierende Kraft. Beruhigungsmittel dämpfen, und die Rolle der Angst als »Motivator«, der dazu dient, dass Gegenmaßnahmen eingeleitet werden, entfällt. Ein Prüfling benötigt eine gewisse »Angstmenge«, um die Bereitschaft zu entwickeln, sich auch bei strahlendem Sonnenschein hinzusetzen und für das Examen zu lernen. Falls Sie gegenwärtig Beruhigungsmittel einnehmen, halten Sie bitte Rücksprache mit Ihrem Arzt, wie und in welchem Zeitraum Sie diese Medikamente reduzieren oder absetzen können. Pillen sollten stets nur als kurzfristig eingesetztes Hilfsmittel gesehen werden, nicht jedoch als »Heilmittel«. Es geht in diesem Buch darum, Selbstvertrauen zu erlangen und eigenständig Kraft zu entwickeln, neue Wege zu beschreiten. Unangenehme Gefühle wie Angst und Hilflosigkeit sollen aktiv handelnd bewältigt werden. Sie sollen zunehmend Sicherheit gewinnen im Umgang mit schwierigen Situationen. Beruhigungsmittel sollten Sie daher nur noch in gravierenden Notfallsituationen einnehmen, und auch erst dann, wenn Sie alle Selbsthilfemöglichkeiten ausprobiert haben.

Bedenken Sie: Beruhigungsmittel wirken häufig nicht nur aufgrund der chemischen Zusammensetzung, sondern vor allem auch deshalb, weil Sie von der Wirksamkeit des Medikaments ausgehen. Entwickeln Sie stattdessen Vertrauen in Ihre eigenen Fähigkeiten, Probleme zu bewältigen. Ein Medikament kann nicht zur notwendigen Umgestaltung Ihres Denkens führen und die Probleme in Ihrem Leben nicht beseitigen. Es sind eigene

Anstrengungen nötig, die einen größeren Erfolg bewirken als ein Präparat, das zwar bestehende Angst- und Hilflosigkeitsgefühle lindern kann, aber keinen unmittelbaren Einfluss auf den Heilungsvorgang selbst hat. Der beste Weg, Angst und Hilflosigkeit zu überwinden, besteht darin, diese »negativen« Gefühle bewusst anzunehmen. Bei Angst vor einer Prüfung wäre ein persönliches Gespräch mit Ihrem Prüfer, bei dem Sie noch mehr Informationen über den zu bewältigenden Lernstoff erhalten können, ein besserer Weg als die »Ruhigstellung« durch Einnahme eines Beruhigungsmittels. Wie Sie lernen können, Angstzustände aktiv handelnd und ohne Medikamentenkonsum zu bewältigen, wird später im praktischen Teil des Buches erklärt.

Der Ausweg: Aufbau einer neuen Lebensphilosophie

Um sich selbst zu erkennen, muss man handeln.

ALBERT CAMUS

Es geht im Folgenden um eine Veränderung Ihrer Denkweise hinsichtlich Ihrer Gefühle von Angst und Hilflosigkeit. Bisher sind Sie möglicherweise davon ausgegangen, Ihre Gefühle von Angst und Hilflosigkeit müssten um jeden Preis abgestellt werden. Sie haben Angst bisher als ein Signal verstanden, das zum Rückzug auffordert, nicht zur Handlung. Bewusste Angstbewältigung bedeutet, Ihre Gefühle von Angst und Hilflosigkeit als Aufforderung zu sehen, eine Veränderung einzuleiten. Angst ist wie ein Spiegel, der Sie mit Ihren Schattenseiten konfrontiert und Ihnen Bereiche aufzeigt, in denen Sie noch hinzuzulernen haben. Was würde passieren, wenn Sie aufhörten, sich gegen Ihre Gefühle von Angst und Hilflosigkeit zu sperren, und die Bereitschaft entwickelten, diese tatsächlich so anzunehmen, wie sie sind? Wenn Sie sich darüber hinaus gar bereit erklären würden, bewusst angstbesetzte Situationen aufzusuchen? Die Tür zu einer ganz neuen Erfahrungswelt würde sich öffnen. Erleben Sie in diesem Prozess all Ihre Gefühle als Herausforderung und Chance. Der innere Angstalarm, die innere Betroffenheit sind unabdingbare Voraussetzung für Veränderung. Gehen Sie davon aus, dass Sie gerade durch Ihre Angst

Ihr Leben positiv gestalten können. Treten Sie in einen lebenslangen Lernprozess ein, bei dem es nicht mehr darum geht, die Angst zu umgehen oder zu vermeiden, sondern mit ihr zu leben, sie zu akzeptieren. Die Auseinandersetzung mit Ihren Ängsten bedeutet inneres Wachstum. Gerade die bewusste Beschäftigung mit dem Bedrohlichen und den als gefährlich empfundenen Gefühlssituationen führt Sie zu vielen neuen Bewältigungsmöglichkeiten.

EINSICHT

Die bewusste Begegnung mit Ihrer Angst fördert Ihr Persönlichkeitswachstum und eröffnet neue Lernwege.

Das Leben verläuft in Rhythmen. Auf jeden Frühling folgt ein Sommer, ein Herbst und ein Winter. Ebbe zieht Flut nach sich, nach jedem Sonnenaufgang folgt ein Sonnenuntergang. So haben auch Sie als Mensch einen Rhythmus, der dazu führt, dass sich Ihre Gefühlszustände immer wieder verändern. Ein Gefühl, das ansteigt, flaut auch wieder ab. Wenn Sie sich während des Auftretens Ihrer Angst- und Hilflosigkeitsgefühle an dieses Prinzip erinnern, werden Sie die Fähigkeit entwickeln, auch unangenehme Gefühlszustände auszuhalten und sie weniger als bisher zu fürchten. Ebenso wie der Mut gehört auch die Angst zur Ganzheit Ihres Erlebens und ist Teil Ihrer aktiven Aufgabe, den Rhythmus Ihrer Gefühlswelt zu akzeptieren. Ebenso wie Sie am Abend nicht daran zweifeln, dass am nächsten Morgen die Sonne wieder aufgeht, sollten Sie auch nicht mehr daran zweifeln, dass Ihre Angstgefühle irgendwann aufhören und sich eine Beruhigung in Ihrem Denken, Ihrem Fühlen und auch im körperlichen Bereich einstellt.

Angstgefühle treten immer nur vorübergehend auf.
Sie können abwarten und der Angst Zeit geben,
vorüberzugehen.

Die Kraftposition: Handlung und Aktion

Ihre Angst- und Hilflosigkeitsgefühle sind auch dann vorhanden,
wenn Sie diese nicht wahrhaben möchten. Ebenso wie Sie in Ihrem Haushalt den Schmutz nicht fortwährend unter den Teppich
kehren würden, weil er sonst irgendwann einmal darunter hervor-
quillt, können Sie diese Gefühle nicht einfach wegdrängen. Es ist
erforderlich, dass Sie für Ihre Ängste Verantwortung übernehmen. Angst ist ein Signal, das zum Handeln auffordert. Dem Wort
»Hand-lung« liegt die Assoziation Hand nicht fern. Die Hand ist
unser Greif- und Arbeitskörperteil. Mit ihr packen wir Dinge an,
greifen zu, wehren ab. Die Bewältigung der angsterregenden Situation ist nur dann möglich, wenn Sie lernen, sich genau in die
Situation hineinzubegeben, vor der Sie sich fürchten. Die Lösung
kann deshalb nur darin liegen, die Angst bewusst zu erleben, sie
zu erfahren und umzugestalten. Alles, was Sie hierfür benötigen,
ist der aufrichtige Wunsch, die gegebene schwierige Situation
wirklich bewältigen zu wollen und trotz Ihrer Angst handlungsfähig zu bleiben. Aktives Handeln bringt einen weiteren Vorteil. Sie
haben so weniger Zeit, auf Ihre Körperfunktionen zu achten, und
reduzieren bzw. unterbrechen damit den Kreislauf der Angst:
Angsterwartung – Angstzunahme – autonome körperliche Reaktion – Panikreaktion – Handlungslähmung.

Mit der Durchführung von Handlungen können Sie Ihren
Ängsten begegnen. Sie können lernen, sich selbst zu helfen und

Ihren »inneren Dämonen« durch eine andere Art des Denkens und Handelns gegenüberzutreten und diese zu beschwichtigen. Die Art zu handeln ist inhaltlich nicht festgelegt. Mithilfe verschiedener Übungen soll die ganz persönliche Auseinandersetzung mit Ihren jeweiligen Krisengefühlen angeregt und Ihre Fähigkeit zur Selbsthilfe entwickelt werden.

EINSICHT

Lernen Sie, Angst zuzulassen und trotzdem zu handeln.

Von der Angst zur persönlichen Kraft

> Als Erstes musste ich lernen, meine Angst zu besiegen, nachdem ich eingesehen habe, wie sehr sie mich lähmte.
>
> BYRON JANIS

Auch wenn Sie das Gefühl der Angst schon lange mit sich herumtragen, können Sie etwas daran ändern. Dies bedeutet allerdings, dass Sie Vertrauen in Ihre Fähigkeiten entwickeln, um in langsamen Schritten mutiges Handeln zu lernen. Der Prozess der aktiven Angstbewältigung erfordert zu Beginn einige Anstrengung. Hin und wieder werden Sie gewiss die Frage stellen, warum es eigentlich nicht erlaubt sein sollte, angsterregende Situationen einfach zu umgehen. Die Antwort hierauf wäre jedoch, dass das Leben mit der Angst, die aus verschiedenen Situationen und Handlungen entsteht, weit unangenehmer sein kann als eine neue Strategie, die durch gezieltes Handeln erlernt wird. Handlung als solche reduziert Angst, obwohl der oftmals sogar körperlich als unangenehm erlebte Zustand als begleitendes Gefühl weiterhin bestehen mag. Nur in der aktiven Handlungsausführung hat der Organismus die Chance, sich wieder zu beruhigen. Wenden Sie sich also Ihren Angst- und Hilflosigkeitsgefühlen zu, erforschen Sie diese und halten Sie die hierbei auftretenden Unlustgefühle aus. Beginnen Sie, sich an den Gedanken zu gewöhnen, dass Sie nur durch Handlung Einfluss auf Ihr Leben nehmen können.

EINSICHT

Angst, die Sie wegschieben, wirkt sich lähmend aus.

Nicht jeder Handlungsversuch wird zum gewünschten Resultat führen. Dennoch erweitert jeder Versuch Ihr Repertoire an Möglichkeiten, die Ihnen zukünftig zur Verfügung stehen werden. Handeln bedeutet auch, dass Sie anfängliche Resignation und Hilflosigkeit überwinden müssen, um neue Fähigkeiten und Kräfte in sich zu entdecken. Dies kann nur dann geschehen, wenn Sie Herausforderungen annehmen und sich hierbei von einer geringen Schwierigkeit zur nächstgrößeren voranarbeiten. Erwarten Sie nicht zu viel auf einmal. Angst ist ein unangenehmes Gefühl und die natürliche Neigung ist, davor zu fliehen. Jedwede aktive Handlung ist schon ein erster positiver Schritt. Wenn Sie bereit sind, Ihre Ängste auszuhalten, ohne sich aus der jeweiligen Situation zurückzuziehen, werden Sie neue Erfahrungen machen. Das Aushalten der Situation – trotz weiter bestehender Angstgefühle – führt zu Vertrauen in Ihre Handlungsfähigkeit. Sie werden durch solche selbstgewählten Erfahrungen Mut schöpfen. Denken Sie immer daran, dass Veränderung nur in kleinen Schritten geschieht.

EINSICHT

Lernen ist ein Prozess, der in langsamen Schritten geschieht.

Aus einer angstbesetzten Situation sollten Sie nicht flüchten, sondern so lange darin verweilen, bis Ihre Angst- und Hilflosigkeitsgefühle wieder nachgelassen haben. Sie können nur dann Handlungen erproben, wenn Sie sich den beängstigenden Situationen stellen und bereit sind, die dabei entstehenden Gefühle auszuhalten. Schon allein der Gedanke, dass Sie in der Angstsituation verweilen sollen, kann bei Ihnen jetzt Angst auslösen. Dies wird jedoch unterbunden, wenn Sie – wie in diesem Buch beschrieben – aktiv werden. Sie werden lernen, gerade die Situationen herbeizuführen, die Sie ängstlich und hilflos machen. Jedes Mal, wenn Sie einen aktiven Schritt in diese Richtung unternommen haben, werden Sie sich etwas sicherer fühlen. Die Angst wird Ihnen ermöglichen, mit Ihrem inneren Kraftpotenzial in Kontakt zu kommen. Ihre Angst hat Aufforderungscharakter. Sie möchte darauf aufmerksam machen, dass gewisse Schwierigkeiten des täglichen Lebens handelnd verändert werden können. Erst durch die Konfrontation, die aktive Auseinandersetzung mit Ihrer Angst, werden neue Kräfte in Ihnen freigesetzt.

EINSICHT

Die Bewältigung angstauslösender Situationen stärkt Ihr Selbstvertrauen.

Sie werden mithilfe von praktischen Übungen lernen, sich selbst von einer Position der Hilflosigkeit in eine Position der handelnden und heilenden Kraft hinzubewegen. Niemand anders kann diese Aufgabe für Sie lösen. Die Selbsthilfe beginnt bei Ihrer Entscheidung für die Handlung. Angst ist wie ein selbstgewählter innerer Anker, der Sie an einem Platz festhält. Treten Sie aus Ihrem Angstgefängnis heraus und gehen Sie in die Handlung hinein, damit die Auseinandersetzung mit Ihrer Angst zu einer heilenden Begegnung werden kann. Aber auch wenn Sie sich für inneres Wachstum entscheiden, wird Ihre Angst niemals ganz aufhören. Solange Sie lebendig und aktiv sind, bedeutet dies, dass Sie sich immer wieder in schwierige Situationen hineinbegeben werden, um Dinge auszuprobieren, die zu einer Erweiterung Ihrer Fähigkeiten führen können. Solange Sie Risiken eingehen, wird auch Angst spürbar sein. Ihre Angst wird allerdings dann ein ganz normaler Begleiter sein.

EINSICHT

Angst begleitet das innere Wachstum.

NÜTZLICHE ANREGUNGEN

> Überlegen Sie nun, welche Vorteile sich ergeben könnten, wenn Sie – anstatt abzuwarten – sich der jeweiligen Situation stellen und in Handlung treten würden. Notieren Sie mindestens fünf Gedanken, die für die Erweiterung Ihrer Handlungsfähigkeit sprechen.

> Suchen Sie sich täglich eine Beschäftigung, die Ihre Handlungsfähigkeit erweitern könnte (zum Beispiel mit Leuten, denen gegenüber Sie sich unsicher fühlen, ein Gespräch zu beginnen). Stellen Sie sich angstbesetzte Situationen vor und fragen Sie sich: »Was könnte ich jetzt machen?«

> Denken Sie mit geschlossenen Augen an das Wort »Hand-lung«. Spannen Sie Ihre Hand an, während Sie an dieses Wort denken. Spüren Sie die Kraft in Ihrer Hand, bevor Sie die Hand wieder entspannen und öffnen.

> Vergegenwärtigen Sie sich eine schwierige Lebenssituation der Vergangenheit und überlegen Sie sich, welche Gefühle damals vorherrschend waren (Überforderung, Angst, depressive Verstimmung, Verzweiflung, Hilflosigkeit oder sonstige unangenehme Gefühle). Überlegen Sie, was Sie

aus dieser schwierigen Lebenssituation gelernt haben
könnten und was dafür sprechen könnte, dass es sich
dabei tatsächlich um eine Chance gehandelt hat.

Die Hilflosigkeitsposition: Angst, Hilflosigkeit, Handlungslähmung

Im nachfolgenden Schema wird die Position der Hilflosigkeit der
Position der Handlungsfähigkeit gegenübergestellt, um zu verdeutlichen, dass alte Denk- und Verhaltensmuster verändert werden müssen.

HILFLOSIGKEITSPOSITION	HANDLUNGSPOSITION
ANGST Sie stellen sich mögliche Gefahren vor oder empfinden diffuse Angstgefühle und fühlen sich diesen Gefühlen ausgeliefert, weil Sie glauben, nicht handeln zu können.	WAHL Sie haben angsterzeugende Vorstellungen und probieren Handlungsalternativen aus, bis sich Ihre Angst reduziert hat.
HILFLOSIGKEIT Ihr Denken ist eingeengt. Lösungen werden nicht wahrgenommen und Sie verlieren das Vertrauen in die eigenen Problemlösefähigkeiten. Dies führt zu einem Verlust an Selbstvertrauen.	AUFREGUNG Sie sind bereit, die hierbei entstehende Aufregung auszuhalten, weil Sie wissen, dass die Angst vorübergehen wird, wenn Sie Handlungen ausführen.
LÄHMUNG Mögliche Handlungen werden nicht ausprobiert, schwierige Situationen werden vermieden und es tritt eine zunehmende Handlungslähmung ein. Ihre Selbstständigkeit und Ihr Selbstvertrauen nehmen noch mehr ab.	AKTION Sie probieren verschiedene Selbsthilfemethoden aus, erweitern Ihren Erfahrungsbereich, entwickeln neue Problemlösefähigkeiten und hierdurch bedingt Selbstvertrauen.
LEBENSEINSTELLUNG »Ich kann mir nicht helfen.«	LEBENSEINSTELLUNG »Ich kann, wenn ich will.«

Die Herausforderung zur Selbstbefreiung

Wer ist eigentlich Meister in Ihrem inneren Haus? Sie oder Ihre Angst- und Hilflosigkeitsgefühle? Treffen Sie nun eine bewusste Veränderungsentscheidung. Sehen Sie sich das nachfolgende Schema an, bei dem Ihnen ein ganzes Paket verschiedener Bewältigungsmöglichkeiten vorgestellt wird. Sie können schwierige Situationen, die Ihnen begegnen, selbst bewältigen. Sie führen konkrete Handlungen auf, entwickeln hierbei Handlungskompetenz und bewirken so eine zunehmende Veränderung Ihrer inneren Einstellung.

Erläuterung zum nachfolgenden Schema:

Angst und Hilflosigkeitsgefühle stellen sich bei Ihnen ein. Sie setzen verschiedene Bewältigungstechniken ein und wählen die Ihnen entsprechenden Übungen aus dem »Rad der Selbsthilfemöglichkeiten« aus. Sie entwickeln hierbei Handlungsfähigkeit, die Ihr Selbstvertrauen stärkt. Im Rahmen dieses Prozesses wird eine veränderte innere Einstellung ausgelöst. Das Schema zeigt mögliche Wege auf (Möglichkeit I und II). Durch die Ausführung von Übungen wird sich in jedem Fall eine Verbesserung Ihrer Handlungsfähigkeit einstellen, wobei diese möglicherweise zu Beginn Ihrer Bemühungen noch nicht ausreicht, um sich beim Auftreten von Ängsten sofort selbst helfen zu können (Möglichkeit I). Durch den weiteren Einsatz von Handlungsübungen wird die Einstellung, sich in jeder Situation helfen zu können, zunehmend Ihr gesamtes Denken und Handeln bestimmen (Möglichkeit II). Sowohl Möglichkeit I als auch II führen zum Einsatz von Bewältigungstechniken. Durch praktische Erfahrung werden Sie herausfinden, welche der angegebenen Methoden der Selbsthilfe für Sie besonders gut geeignet sind.

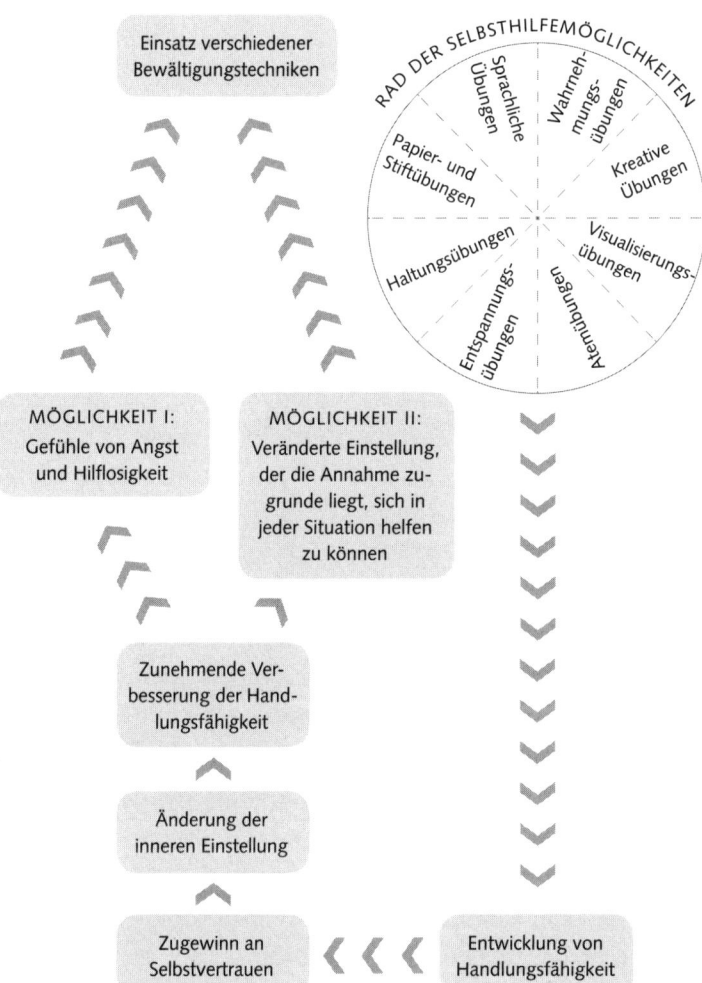

Einsatz verschiedener Bewältigungstechniken

RAD DER SELBSTHILFEMÖGLICHKEITEN

Sprachliche Übungen

Wahrnehmungsübungen

Papier- und Stiftübungen

Kreative Übungen

Visualisierungsübungen

Haltungsübungen

Atemübungen

Entspannungsübungen

MÖGLICHKEIT I:
Gefühle von Angst und Hilflosigkeit

MÖGLICHKEIT II:
Veränderte Einstellung, der die Annahme zugrunde liegt, sich in jeder Situation helfen zu können

Zunehmende Verbesserung der Handlungsfähigkeit

Änderung der inneren Einstellung

Zugewinn an Selbstvertrauen

Entwicklung von Handlungsfähigkeit

Das praktische Übungsprogramm

Es handelt sich bei den nachfolgenden Übungen nicht um Schnell-Lernmethoden, sondern um Schritte, die inneres Wachstum einleiten sollen. Erwarten Sie bitte nicht von sich, ungewohnte Aufgaben gleich perfekt ausführen zu können. Dadurch würden Sie nur Ihrer Furcht vor Misserfolg Nahrung geben und womöglich von vornherein an Ihrem Erfolg zweifeln. Auch eine noch so genaue Beschreibung der Vor- bzw. der Rückhandstellung beim Tennis wird Sie nicht in die Lage versetzen, gleich in Ihrer ersten Tennisstunde den Schläger richtig zu halten. Die Methoden dieses Buches führen Sie an Handlungen heran, die Sie zunehmend Ihre innere Stärke spüren lassen. Wenn es Ihnen gelingt, Ihr Gefühl von Angst und Hilflosigkeit als Herausforderung zu betrachten, können Sie aktiv werden. Sie lernen, Ihre Gefühle zu bejahen und umzugestalten. Der Weg zur Veränderung ist schon dann beschritten, wenn Ihr Angstzustand eine vorübergehende Unterbrechung erfährt.

Angstgefühle können sich – auch wenn sie kurzfristig nicht spürbar waren – immer wieder einstellen. Dies ist kein Rückschlag, sondern vielmehr eine erneute Aufforderung, an sich zu arbeiten. Es geht darum, die Phasen, in denen Sie trotz Ihrer Angst handeln können, auszuweiten, sodass Ihnen in den jeweiligen Situationen noch mehr konkrete Bewältigungsmöglichkeiten zur Verfügung stehen. Es soll hier noch einmal darauf hingewiesen werden, dass ein völliges Verschwinden der Angstgefühle nicht möglich ist. Es werden immer Schwankungen vorhanden sein. Bei den hier vorgeschlagenen Übungen handelt es sich nicht um einen Wenn-dann-Katalog, der Ihnen Rezepte gibt, bei welcher Art von Angstsituation welche Übung durchgeführt werden soll. Vielmehr soll Ihre Handlungsfähigkeit insgesamt gestärkt werden.

Einige der Übungen werden schwieriger durchzuführen sein als andere. Geben Sie nicht auf, wenn Ihnen etwas zu schwer erscheint! Beschäftigen Sie sich dann einfach mit den Übungen, die Ihnen leichter fallen. Die Beherrschung der für Sie einfacheren Übungen führt zu Erfolgserlebnissen. Diese bilden die notwendige Grundlage, sich auch an die schwierigen Übungen heranzuwagen. Bestimmte Übungen müssen mehrmals durchgeführt werden, manche gar über mehrere Wochen hinweg. Der Lohn für all die Mühe wartet auf Sie, denn Sie werden dabei mutig und erwerben Handlungsfähigkeit!

Die besten Erfolge mit dem vorliegenden Selbsthilfeprogramm erzielen Sie, wenn Sie sich für eine oder auch mehrere Übungen entscheiden, die Sie dann auch in möglichen Krisensituationen anwenden können. So gewinnen Sie Sicherheit in Ihrem Handeln. Denken Sie stets daran, dass Erfolg sich aus vielen kleinen Schritten zusammensetzt. Ein rein intellektuelles Verstehen der Übungen reicht selbstverständlich nicht aus. Sie müssen praktisch erprobt werden, damit Ihr Veränderungsprozess von persönlicher Erfahrung begleitet ist und die gewünschte Entwicklung, die Sie von der Hilflosigkeit zur Handlungsfähigkeit führen soll, stattfinden kann.

Das hier angebotene Handlungs- und Aktionsprogramm wirkt, unabhängig davon, mit welchen Übungsaufgaben Sie beginnen. Blättern Sie den Übungsteil durch und lassen Sie sich von den Übungen inspirieren, die Ihnen spontan zusagen. Nur Sie selbst können entscheiden, welche Übung Sie persönlich mehr und welche weniger anspricht. Lassen Sie sich ganz von Ihrem Gefühl leiten und wählen Sie das aus, was Ihnen Spaß macht.

Es empfiehlt sich auch, Übungen aus verschiedenen Bereichen (zum Beispiel Papier- und Stiftübungen und Atemübungen) miteinander zu kombinieren. Das Üben kann für Sie zu einem Gewohnheitsprozess werden, wobei schon das Denken an gewisse Übungen in Ihrem Unterbewusstsein Kräfte zu aktivieren vermag. Ihre bisherige Erfahrungsgeschichte zeigt wahrscheinlich, dass Sie von Ihren Angst- und Hilflosigkeitsgefühlen buchstäblich überflutet wurden. Sie fühlten sich völlig ausgeliefert, wobei misslungene Kontrollversuche möglicherweise Panikreaktionen hervorriefen. In der Angstsituation selbst löst sich Ihre Konzentrationsfähigkeit fast vollständig auf. Dies führt dazu, dass Ihnen im Krisenfalle zunächst nur wenige Übungen einfallen, da Sie sich nichts mehr zutrauen. Die Übungen unterstützen Sie dabei, wieder Kontrolle über sich und Ihr Verhalten zu gewinnen. Bei manchen Übungen werden Sie dazu aufgefordert, Ihre Angst bewusst wahrzunehmen und absichtlich zu erzeugen. Sie gewinnen so im Umgang mit der Angst Sicherheit und machen sich mit den auslösenden Faktoren der Angst vertraut.

Es ist besonders wichtig, das Übungsprogramm gerade auch im angstfreien Zustand immer wieder durchzugehen. Nur so können Sie auch im Krisenfall sicher darauf zurückgreifen. Unterstreichen Sie sich diejenigen Übungen, die Ihnen besonders gut geholfen haben. Notieren Sie die jeweiligen Techniken (nicht zu viele auf einmal!) auf ein Karteikärtchen, das Sie mit sich führen und zur Hand nehmen können, um die hilfreiche Vorgehensweise nachzulesen und anzuwenden. Nehmen Sie sich nicht zu viel auf einmal vor! Üben Sie lieber regelmäßig an ausgewählten Aufgaben, damit sich diese auch in Ihrem Unterbewusstsein festigen können. Auch wenn die Wunschfantasie Ihnen schon vorauseilt, sollten Sie Ihr eigenes Tempo akzeptieren. Das Misslingen einer Übung bedeutet keineswegs, dass sie nie gelingen wird. Auch das Autofahren haben Sie bestimmt nicht an einem Tag gelernt!

Lassen Sie sich nun dazu einladen, aktiv zu werden. Von heute an kann jede Situation in Ihrem Leben zu einer Lernerfahrung werden, neue Möglichkeiten auszuprobieren. Werden Sie wieder Steuermann (oder Steuerfrau) auf Ihrem eigenen Lebensschiff!

Ich hoffe, Sie fühlen sich durch die vielen Übungen nicht überfordert. Das nachfolgend beschriebene System soll Ihnen die Auswahl erleichtern, da Sie durch die bewusste Einschätzung Ihrer Bewältigungsstrategien feststellen können, bei welchen Übungsbereichen Ihnen der praktische Einstieg in das vorliegende Programm leichter fallen wird. Wie Sie Ihre Probleme lösen, ist abhängig davon, welcher Wahrnehmungstyp Sie sind. Einige Übungen werden Ihnen mehr entsprechen als andere. Viele Menschen denken in Bildern, während andere diese Art der Wahrnehmung als schwierig empfinden. Andere wiederum sprechen ziemlich viel mit sich selbst, während sich bei Ihnen vielleicht die Handlungen hauptsächlich aus Ihrem Gefühl für die Situation ableiten. Sie werden sich deshalb von den verschiedenen Übungsteilen unterschiedlich angesprochen fühlen.

Welcher Wahrnehmungs- und Bewältigungstyp sind Sie? Schätzen Sie sich nun nach folgender Einteilung selbst ein:

1. *Der logisch-denkende Mensch (= rationaler Typ):* Wenn Sie zu diesem Typ gehören, versuchen Sie schwierige Situationen logisch zu überdenken und mögliche Lösungswege zu analysieren. In unklar erscheinenden Situationen nehmen Sie gerne Papier und Stift zur Hand, um »Ordnung« in den »Problemberg« zu bringen. Sie fühlen sich wohler, wenn Sie Situationen verstandesmäßig einordnen können, und bemühen sich meistens um Sachlichkeit.

   Zum rationalen Typ passt: begreifen, verstehen, analysieren, denken, entscheiden, sich erinnern, wiedererkennen, bewerten, überlegen, sich Dinge aufgrund ihres logischen Aufbaus merken, folgerichtig und realitätsorientiert sein, abstraktes Denken wird bevorzugt, sich mit unstrukturierten, nicht klar umrissenen Aufgaben nicht gut zurechtfinden, benötigt spezifische, klare Anweisungen, lernt durch Denken.

2. *Der sprachlich orientierte Mensch (= auditiver Typ):* Sie reden gerne und können auch gut zuhören. Das Spiel mit Worten ist Ihnen geläufig und macht Ihnen Spaß. Sie benützen Worte zur Selbsthilfe, das heißt, Sie versuchen, in schwierigen Situationen sowohl sich selbst als auch anderen gut zuzureden. Manchmal schenken Sie Worten mehr Bedeutung als Taten, was sich auch darin äußern kann, dass Sie sich auf die Aussagen anderer verlassen möchten und empfindlich darauf reagieren, wenn Ihnen jemand etwas verspricht und das Versprochene nicht einhält. Sie schreiben und lesen gerne und können sich durchaus vorstellen, Sprüche, die einen positiven Bedeutungsgehalt für Sie haben, abzuschreiben.

Zum auditiven Typ passt: hören, zuhören, fragen, betonen, verkünden, rufen, mitteilen, anmerken, klingen, nachsagen, sprechen, reden, singen, mit sich selbst sprechen, sich gut an mündliche Anweisungen und Gesprochenes erinnern. Der auditive Typ lernt durch Zuhören und Lesen von Büchern und Texten am besten.

3. *Der in Bildern denkende Mensch (= visueller Typ):* Sie machen sich ein Bild von Situationen, die Sie erleben. Innere Bilder, die Sie auch farblich wahrnehmen können, stellen sich bei Ihnen leicht ein. Sie möchten Situationen ganzheitlich wahrnehmen und erleben Tagträume und Fantasien als Beruhigung und Bereicherung. Gehörtes kann von Ihnen in eine bildliche Form umgesetzt werden und Sie setzen bildhafte Vorstellungen häufig zur Selbsthilfe ein.

Zum visuellen Typ passt: sehen, betrachten, sich vorstellen, den Überblick haben, bildhaft erinnern, imaginieren, fantasieren, vorhersehen, beobachten, vorausschauen, eine Vision haben, neue Möglichkeiten vor sich sehen. Der visuelle Typ lernt durch anschauliches Material am besten.

4. *Der gefühlsmäßig reagierende Mensch (= emotionaler Typ).* Sie reagieren vorwiegend gefühlsmäßig, das heißt, Sie bemühen sich, in schwierigen Situationen ein Gefühl für die Lage der Dinge zu erhalten. In Entscheidungssituationen stehen Gefühle im Vordergrund Ihres Erlebens. Im Allgemeinen gehen Sie bewusst oder unbewusst davon aus, dass der Verstand nicht der verlässlichste Ratgeber ist.

Zum emotionalen Typ passt: fühlen, empfinden, wahrnehmen, intuitiv sein, einfühlsam sein, sich entspannt oder angespannt fühlen, mit dem »Herzen« empfinden. Der emotionale Mensch lernt durch das Wahrnehmen und Erleben von Emotionen am besten.

5. *Der körperlich reagierende Mensch (= motorischer Typ):* Sie bewegen sich gerne und sind sportlichen Unternehmungen gegenüber aufgeschlossen. Sie glauben, durch Bewegung Ihr Wohlbefinden steigern zu können, und gehen davon aus, dass negative Gefühlszustände durch gezielt durchgeführte Bewegungsabläufe abgebaut werden können.

Zum motorischen Typ passt: körperbewusst, beweglich, empfindsam für den körpereigenen Rhythmus. Der motorische Typ lernt durch Bewegung und hat ein gutes Gedächtnis für Bewegungsabläufe.

6. *Der künstlerisch orientierte Mensch (= kreativer Typ):* Sie sind fantasievoll und weniger vernunftbetont. Sie haben die Neigung, sich mit künstlerischen und gestalterischen Medien (wie zum Beispiel Malen) auszudrücken. In schwierigen Situationen suchen Sie nach kreativen Problemlösungen. Im Allgemeinen empfinden Sie bei der Beschäftigung mit kreativen Dingen eine besondere Befriedigung.

Zum kreativen Typ passt: kreativ, fantasievoll, ganzheitliches Wahrnehmen, Vorstellungsvermögen für Formen, Farben und Muster, räumliches Vorstellungsvermögen, ästhetisches Empfinden, schöpferisches Denken, Entstehung origineller Einfälle. Der kreative Typ lernt durch aktive Gestaltung und durch die Verwirklichung spontaner Ideen.

Überlegen Sie nun, wie Sie sich selbst einordnen würden, wobei Sie sicherlich nicht nur einen Typus verkörpern, sondern wahrscheinlich mindestens zwei Wahrnehmungs- und Bewältigungsstrategien bei der Lösung lebenspraktischer Themen einsetzen. Erkennen Sie die Kanäle, die Sie benützen, um dann zunächst die Übungsaufgaben auszuwählen, die Ihnen leichter fallen. Der von Ihnen verkörperte Typus (bzw. eine Mischform mehrerer Typen) macht Ihnen die Wahl der zu Ihnen passenden Selbsthilfemethode leicht, wobei Sie mit Vertrauterem beginnen können, um sich dann langsam auch zu anderen Methoden der Selbsthilfe hinzubewegen. Jeder Übungsteil kann Ihr Eingangstor sein, das Sie persönlich weiterbringt. »Schnuppern« Sie deshalb auch in andere Übungsbereiche hinein, um neue Erfahrungen zu machen und Ihre Bewältigungsstrategien zu erweitern.

Die Übungen unterteilen sich in folgende Bereiche:

☐ Papier- und Stiftübungen: Sie sind gut für den rationalen und den auditiven Typ geeignet. (Seite 76 ff.)

☐ Sprachliche Übungen: Sie sind gut für den auditiven Typ geeignet. (Seite 112 ff.)

☐ Wahrnehmungs- und Kreativitätsübungen: Sie sind gut für den emotional orientierten und den kreativen Typ geeignet. (Seite 155 ff.)

☐ Imaginationsübungen: Sie sind gut für den visuellen und den kreativen Typ geeignet. (Seite 172 ff.)

- Atem- und Entspannungsübungen: Sie sind gut für den emotional orientierten Typ geeignet. (Seite 190 ff.)
- Haltungsübungen: Sie sind gut für den motorischen Typ geeignet. (Seite 202 ff.)

Das Verweilen in der Übungssituation

Jede Übung, die Sie einmal begonnen haben, sollten Sie zu Ende führen – auch dann, wenn Angstgefühle oder gar Panikreaktionen auftreten. Vorzeitiges Abbrechen einer Übung verstärkt Ihre Angst und bestätigt Ihre Überzeugung, in aktuellen Situationen mit den auftretenden Ängsten ohnehin nicht umgehen zu können, also auch in zukünftigen Situationen zu versagen. Sie speichern solche Fehlschläge in Ihrem Unterbewusstsein, und es wird dann beim Auftreten vergleichbarer Situationen zunehmend schwieriger, aktive Handlungen einzuleiten.

Hier nun ein Trick, mit dessen Hilfe es Ihnen gelingen kann, standzuhalten. Suchen Sie sich ganz bewusst einen Platz, an dem Sie sich etwas sicherer fühlen. Entfernen Sie sich jedoch nicht aus der als belastend erlebten Situation. Versuchen Sie nun, die schwierige Situation weitere zehn Sekunden auszuhalten. Setzen Sie sämtliche Motivationshilfen ein, die Ihnen einfallen. Zählen Sie dann langsam von eins bis zehn. Geben Sie einem etwaigen Fluchtimpuls auf keinen Fall nach! Schon während des Zählens werden sich die Angstgefühle mindern. Ihr Verstand weiß aus wiederholter Erfahrung, dass es meist nur Ihre Katastrophenfantasien sind, die den Fluchtimpuls einleiten, und dass das Befürchtete sicher nicht eintreten wird. Sollte das einmalige Zählen bis zehn nicht ausreichen, so zählen Sie bitte so lange weiter, bis sich Ihre unangenehmen Gefühle deutlich verringert haben. Sie können diese Übung auch abwandeln und von 1 010 bis 1 001 herunterzählen. Denken Sie sich nach jeder Zahl die Worte »Angst sinkt«. Sie werden überrascht sein, wie schnell Sie sich auf solch simple Weise etwas suggerieren können, was dann tatsächlich zu weniger Angst führt.

Die Agoraphobiker unter Ihnen sollten diese Zeilen besonders beherzigen: Durch Konfrontation können Sie angstauslösenden Situationen erfolgreich begegnen. Ausweichen vor dem Angstobjekt wirkt sich keineswegs vorteilhaft aus (Schwächung des Allgemeinbefindens, des Selbstwertgefühls, der Stimmungslage, der Handlungsfähigkeit).

Die Übungen und Ihr Handlungstagebuch

Besorgen Sie sich ein dekorativ aussehendes Notizbüchlein im DIN-A3- oder DIN-A4–Format. Achten Sie darauf, dass Ihnen der Einband gefällt! Es sollte sich in jedem Fall um ein gebundenes Buch handeln, damit Sie auch richtig damit arbeiten können. Ihr Handlungstagebuch zeigt Ihren Veränderungsprozess. Alle wichtigen Gedanken und Überlegungen sollten Sie dort eintragen. Insbesondere die positiven Veränderungen im Hinblick auf Ihr gewünschtes Ziel sollten regelmäßig protokolliert werden. Bei einzelnen Übungen werden Sie dazu aufgefordert, entsprechende Eintragungen in Ihr Handlungstagebuch vorzunehmen, damit Sie sich diese besser einprägen können und Sie auch Alltagsereignisse anders als bisher überdenken.

Schlagen Sie nun die erste Seite Ihres Büchleins auf und schreiben Sie in Großbuchstaben und mit Rotstift das Wort HANDLUNGSTAGEBUCH hinein. Die jeweils linke Seite Ihres Handlungstagebuches sollte problematischen Ideen, Konfliktmaterial und »negativen« Gedanken vorbehalten sein. Auf der rechten Seite können Sie Aufbauendes und Hilfreiches sowie Ihre positiven Veränderungen und Erfahrungen eintragen. Diese Aufteilung hat sich als sinnvoll erwiesen,

- um die Übersichtlichkeit des Handlungstagebuchs zu garantieren;
- um Konfliktmaterial auch räumlich von positiven Ideen zu trennen;
- um gerade in Krisensituationen das Hilfreiche »auf einen Blick« erfassen zu können;
- um Ordnung in das gedankliche Chaos zu bringen. Sie werden nur dann Ihr eigener Meister, der aus dem chaotischen Erleben eine neue Struktur formt, wenn Sie auch in Ihrem Handlungstagebuch strukturiert vorgehen.

NÜTZLICHE ANREGUNGEN

Notieren Sie die Vorteile, die es für Sie haben könnte, aus den einzelnen Übungen ein persönliches Programm zu erstellen und dieses auch durchzuführen. Welche Veränderungen wünschen Sie sich? Welche Auswirkungen auf Ihr persönliches Leben könnte es haben, wenn Sie sich täglich handelnd mit Ihren Angst- und Hilflosigkeitsgefühlen auseinandersetzen? Welche Vorteile könnten sich hierbei einstellen?

Papier und Stift als Helfer

Wenn du dir Sorgen machst, gehst Du nun endlos weit
und kommst dort an, wo du aufgebrochen bist.
Denken hingegen bringt dich von einem Ort zum anderen.
Die Kunst des Lebens besteht darin, Sorgen in Denken
umzuwandeln und Ängstlichkeit in kreatives Handeln.

HAROLD B. WALKER

Papier- und Stiftübungen können Sie dabei unterstützen, Ihre Gedanken zu verändern. Auf ganz praktische Weise lernen Sie Ihre Sichtweisen zu verändern und gelangen zu Einsichten, die nicht möglich wären, wenn Sie die Übungen nur gedanklich durchführen würden. Ihre Augen und Ihre Hände lernen mit! Bei den Papier- und Stiftübungen ist es nicht wichtig, sich sprachlich korrekt auszudrücken oder Grammatikregeln zu beachten. Niemand wird Ihr Handlungstagebuch durchlesen. Zudem sind Sie den Zeiten, in denen ein Lehrer Ihren Aufsatz korrigierte und benotete, entwachsen. Es geht ausschließlich um Ihre Selbsthilfe! All Ihre Aufzeichnungen sollen Ihnen helfen, den Angstkreislauf zu unterbrechen und Gefühle von Hilflosigkeit in aktives Handeln umzusetzen. Erlauben Sie sich, auch vermeintlich nichtssagende oder nebensächliche Gedanken aufzuschreiben. Alle Einfälle zählen! Die Bedeutung mancher Einfälle und Ideen werden Sie vielleicht erst hinterher erfassen. Dem Tagebuch können Sie all diejenigen Gedanken anvertrauen, deren Mitteilung Dritten gegenüber nicht angebracht wäre. Ihr Handlungstagebuch soll zu Ihrem treuesten Begleiter werden und Ihnen auch in schwierigen Situationen Trost und Hilfe sein.

Schreibübungen helfen insbesondere dann, wenn Sie sich von Ihrer Angst überflutet fühlen und wieder Kontrolle gewinnen möchten. Mit Papier- und Stiftübungen stärken Sie Ihr Selbstvertrauen. Sie lernen,

- unangemessene Gedanken durch hilfreichere zu ersetzen,
- negativen Gedanken entgegenzuwirken,
- angenehme und befreiende Gedanken zuzulassen.

NÜTZLICHE ANREGUNGEN

Begeben Sie sich an einen für Sie angenehmen Ort, um Ihre Papier- und Stiftübungen durchzuführen. Vielleicht befindet sich dieser Ort in Ihrer Wohnung oder auch woanders. Auch außerhalb Ihrer Wohnung können Sie sich einen geschützten Raum erschaffen, indem Sie sich zum Beispiel vorstellen, beim Abfassen Ihrer Notizen wie eine Schmetterlingsraupe von einem schützenden Kokon umgeben zu sein. Erschaffen Sie sich in der Vorstellung einen Rückzugsort, den Sie jederzeit aufsuchen können. Gestalten Sie diesen inneren Ort ganz nach Ihren Wünschen (zum Beispiel mit einer schönen Landschaft, einer Bucht mit Palmenstrand). Weitere Motive können Sie im Kapitel mit den Imaginationsübungen nachlesen.

Die Gedanken als Krafträuber

Ihre lange Erfahrungsgeschichte unterschiedlichster Gefühle von Angst und Panik führte dazu, dass Sie heute vieles, was Ihnen begegnet, als bedrohlich einstufen. Ihre Erwartungshaltung ist negativ getönt. Die durch die Angst hervorgerufenen Gedanken gehen meist in die falsche Richtung. Sie führen zu einer Steigerung der Erwartungsangst und somit zu verstärkter Anspannung. Positive und aufbauende Gedanken werden oft nicht mehr wahrgenommen, weil die negativen Gedanken überwiegen. Denken ist jedoch nichts Zufälliges. Sie können Ihr Denken schulen und trainieren. Stellen Sie sich vor, dass Sie nachts ein dunkles Haus betreten. Sie suchen den Lichtschalter, betätigen ihn und bewirken dadurch, dass das Licht angeht.

Die hier beschriebenen Techniken wirken ähnlich. Sie schalten Ihre Katastrophengedanken aus und konzentrieren sich auf etwas völlig Neues und anderes: auf die Möglichkeit, sich selbst zu helfen und sich zu überlegen, was Sie stattdessen denken oder tun könnten. Durch den Einsatz der Übungen werden Sie das Auftreten negativer Gedanken zwar nicht verhindern können, es wird Ihnen jedoch möglich werden, negativen Gedankenabläufen entgegenzuwirken. Sie werden lernen, aus sich selbst heraus Kräfte zur Angstbewältigung zu mobilisieren.

Wir werden heutzutage von Bildern und Informationen negativer Art geradewegs überflutet (Berichte mit Katastrophenmeldungen, Artikel über Tod, Krisen und Krankheiten usw.). Es liegt an Ihnen, womit Sie sich gedanklich beschäftigen möchten. Sie können sich entweder auf die Katastrophenmeldungen konzentrieren oder Ihr Denken auf die positiven Aspekte des Alltags ausrichten lernen. Die Veränderung Ihres Denkens bedeutet, dass Sie Ihre Aufmerksamkeit immer wieder auf den gegenwärtigen Moment richten.

Wenn all die Versuche, Ihre Gedanken auf Angenehmes umzustellen, fehlgeschlagen sind, sollten Sie den folgenden Übungen besondere Beachtung schenken. Der Aufbau alternativer Denkmöglichkeiten soll Sie dazu anregen, Ihre bisherigen inneren Negativ-Dialoge einzustellen. Sie lernen stattdessen konstruktive innere Selbstgespräche zu entwickeln, die sich in kritischen Situationen als wirkungsvoller erweisen.

Angstkommando-Veränderungstechniken

Haben Sie schon einmal darauf geachtet, wie häufig Sie sich Angstkommandos geben, wie zum Beispiel »Es wird alles schiefgehen«, »Ich verliere die Kontrolle«, »Ich werde gleich einen Panikanfall bekommen«, »Meine Hände werden zittern«, »Ich werde zu stottern beginnen«, »Mir wird nichts mehr einfallen«? Derartige Angstkommandos sind Vorhersagen, die katastrophale Auswirkungen haben können. Sie stellen sich in bestimmten Situationen einen denkbar unangenehmen Verlauf vor. Geben Sie sich ausreichend Zeit, an der Veränderung innerer Kommandos zu arbeiten. Schreiben Sie mindestens zehn Ihrer Angstkommandos auf die linke Seite Ihres Handlungstagebuchs. Nachfolgende Techniken können Sie als Hilfsmittel einsetzen, um unangemessenen Kommandos, die zur Auslösung von Panik- und Angstgefühlen führen, entgegenzuwirken.

Das Stoppschild

Atmen Sie ruhig ein und aus und stellen Sie sich dabei ein Stoppschild vor. Richten Sie dabei Ihre Aufmerksamkeit besonders auf das Ausatmen. Stellen Sie sich gerade während des Ausatmens das Wort STOPP vor und lassen Sie dieses mit Ihrem Atem aus sich herausströmen. Versuchen Sie das Wort – zusammen mit dem Atem – in die Länge zu ziehen: S-T-O-P-P. Diese Übung bewirkt, dass Sie Ihren Angstkommandos Einhalt gebieten und sich überdies mehr auf das Aus- als auf das Einatmen konzentrieren (vgl. Kapitel über die Atemtechniken). Das ist hilfreich, denn bei Angstanfällen ist der Atemrhythmus gestört. Es wird mehr Luft ein- als ausgeatmet.

Der Dialog mit der Angst

Ihre Angstgedanken (negative Vorhersagen) beziehen sich meist auf zukünftige Ereignisse. Aus unliebsamen Erfahrungen der Vergangenheit hat sich die Erwartung herausgebildet, dass Sie ähnliche Situationen auch künftig nicht bewältigen können. Es kommt nun darauf an, einen Dialog mit der Angst zu entwickeln, der Ihnen helfen kann, in Angstsituationen anderen Gedanken Raum zu geben.

Üben Sie den Aufbau von hilfreichen Sätzen (alternativen Gedanken) und schreiben Sie die neuen Gedanken auf die rechte Seite in Ihrem Handlungstagebuch. Die genannten Beispiele können Ihnen als Maßstab für den Aufbau eines sinnvollen Gedankendialoges dienen:

ANGSTGEDANKE	ALTERNATIVER GEDANKE
Ich werde gleich ohnmächtig.	Das hast du schon oft gedacht und es ist noch nie passiert.
Ich werde versagen.	Probiere es erst mal aus, vielleicht gelingt es dir doch.
Ich werde zu zittern beginnen.	Vielleicht nur einen kleinen Moment, aber dann wirst du dich beruhigen.

Welche positiven Sätze könnten Sie sich in problematischen Situationen sagen?

Bei einem hilfreichen Dialog geht es

- □ um den Einsatz beruhigender Worte, die Sie zu sich selbst sagen;
- □ um den Aufbau neuer Sichtweisen (es gibt nicht nur einen Weg, sondern viele mögliche Wege, die Realität werden können);

◻ darum, Worte wie »vielleicht« und »möglicherweise« einfließen zu lassen. Sie lockern starre Vorstellungen auf, das Denken
erweitert sich und kreative Lösungen stellen sich spontan ein.

Die Karteikartenübung

Fertigen Sie Karteikarten an. Auf die eine Seite schreiben Sie Ihren Angstgedanken und auf die andere Seite nicht nur einen, sondern mehrere hilfreiche Sätze. Lassen Sie sich hierfür Zeit, denn
hilfreiche Sätze fallen einem meist nicht spontan ein. Sammeln
Sie in Gesprächen mit anderen oder beim Lesen in Zeitschriften
oder anderen Publikationen hilfreiche und ermutigende Worte,
die Sie für Ihren persönlichen Lernprozess nutzen können.

ANGSTGEDANKE	HILFREICHE GEDANKEN
Ich habe Angst davor, den Anforderungen im Beruf nicht gewachsen zu sein.	› Eins nach dem anderen: Überleg nur, was du jetzt zu tun hast. › Leg dir einen Plan zurecht. › Mach ein paar tiefe Atemzüge zur Entspannung.

Während der Schulzeit haben Sie vielleicht Ihre Vokabeln auf diese
Weise gelernt. Hier wenden Sie das gleiche Prinzip an. Sie üben anhand Ihrer Kärtchen hilfreiche Gedanken so lange ein, bis Sie diese
verinnerlicht haben und auch in schwierigen Situationen spontan
erinnern können. Falls Sie diese Gedanken in Alltagssituationen
wieder vergessen, so können Sie sich immer wieder von Neuem
Ihre Kartensammlung ansehen. Es spielt keine Rolle, ob Sie den
positiven Gedanken momentan Glauben schenken. Es geht vielmehr darum, mit dieser Methode zu einer langfristigen Veränderung Ihres inneren Dialoges beizutragen. Verwenden Sie immer
wieder beruhigende Worte und Sätze, und Sie werden irgendwann

bemerken, wie Sie sich durch Ihren inneren Dialog beruhigen können. Nehmen Sie sich von nun an täglich einige Minuten Zeit, über
Ihre – vermutlich zahlreichen – Angstgedanken nachzudenken und
die dazugehörigen hilfreichen Gedanken aufzuschreiben. Sie haben
dann bald einige Karteikarten gefüllt. Es wird für Sie interessant
sein, anhand Ihrer Karten Ihren Veränderungsprozess mitzuverfolgen. Sie werden bemerken, dass ein guter Teil Ihrer Angst- und
Hilflosigkeitsgedanken bald nicht oder kaum mehr auftritt.

Dies ist eine sehr wirkungsvolle Technik, um sich neue Gedankengänge einzuprägen. Fragen Sie Freunde und Bekannte, mit
welchen Gedanken sich diese Mut machen. Sie werden Sätze hören, die Sie auch in Ihre Sammlung aufnehmen können.

Die Modelltechnik

Andere Menschen können zu Ratgebern für Sie werden. Sie können Ihnen Ideen anbieten, die Ihnen bisher noch nicht eingefallen sind. Denken Sie an eine handlungsfähige, kompetente Person, die Sie mögen und wertschätzen. Es kann sich um jemanden
aus Ihrem privaten Freundeskreis handeln oder auch um eine bekannte Persönlichkeit des öffentlichen Lebens. Was würde Ihre
Modellperson in der hilflos machenden Situation denken oder
tun? Wie und wodurch würde sie die vorhandenen Angstgedanken entschärfen? Welche Worte verwendet sie? Nehmen Sie nun
Ihr Handlungstagebuch. Schreiben Sie die vermuteten Gedanken
Ihrer Modellperson auf.

Beispiel: Ich habe Angst, wenn ich vor anderen Menschen
sprechen soll.

Mein Modell würde denken:

- Ich könnte es einfach ausprobieren: Vielleicht kann ich es doch!
- Nicht alle werden bemerken, dass ich unsicher bin.

- Irgendwie kommt immer alles anders, als ich denke.
- Auch Schauspieler haben Lampenfieber und können sich vor oder während des Auftritts wieder beruhigen.

Die Gedankenwaage

Die beste und erfolgreichste Methode zur Umwandlung der inneren Negativannahmen besteht darin, den negativen Gedanken durch einen angenehmeren und positiveren zu ergänzen.

Stellen Sie sich eine Waage vor. Alle Ihre angsterzeugenden Annahmen liegen in der linken Waagschale. Um das sich ergebende Ungleichgewicht auszugleichen, soll die andere Waagschale mit hilfreichen Vorstellungen gefüllt werden. Sie können einen besseren Zustand erreichen, wenn Sie positive Annahmen entwickeln und diese den negativen entgegensetzen.

DIE GEDANKENWAAGE

Ich kann nichts.	Ich kann handeln lernen.
Ich fürchte mich vor dem Aufzugfahren.	Ich erinnere mich an problemlos abgelaufene Aufzugfahrten zurück.
Warteschlangen an der Kasse im Supermarkt machen mir Angst.	Ich kann damit fertig werden, wenn ich mir gut zurede.
Mir bricht der Schweiß aus, wenn ich an Situation x denke.	Ich tue etwas, das mich nicht an meine Angst denken lässt.
Ich muss heute Abend im Restaurant »durchhalten«.	Das stimmt nicht – ich kann immer tun, was ich möchte (zum Beispiel aufstehen und gehen).
Jeder wird meine Unsicherheit bemerken.	Andere haben auch Probleme, ich bin nicht der/die Einzige.
Ich kann mich am Arbeitsplatz nicht mitteilen.	»Trau dir etwas zu!«
Ich spüre Schmerzen in der Brust.	Es wird gleich wieder vorbei sein.
Ich fürchte mich vor dem nächsten Angstanfall.	Ich kann ihn durchstehen – vielleicht wird er gar nicht so schlimm, wie ich denke.

Nehmen Sie nun Ihr Handlungstagebuch und stellen Sie sich Ihre Waagschalen bildlich vor. Malen Sie die Schalen auf, wenn Sie möchten. Notieren Sie dann links Ihre Negativannahmen und finden Sie gleich viele Gedankeninhalte positiver, angenehmer Art für die rechte Schale. Für jede negative Annahme, die Sie notieren, ist in Ihrem Unterbewusstsein bereits eine positive vorhanden, die Sie mithilfe dieser Übung hervorholen und aktivieren können. Vergegenwärtigen Sie sich immer wieder das Bild der Waage. Derartige Bilder fördern Ihre gedankliche Beweglichkeit und verändern Ihr Selbstbild.

Anmerkungen zur konkreten Vorgehensweise bei der Anfertigung Ihrer Gedankenwaage:

▢ Formulieren Sie Ihre Negativannahmen so konkret wie irgend möglich.
▢ Bilden Sie positive Annahmen, die Sie den angsterzeugenden und belastenden Annahmen gegenüberstellen können.

Sie werden sicherlich die Erfahrung machen, dass Ihnen die alten Negativannahmen zur Gewohnheit geworden sind und Ihnen positive Annahmen womöglich kaum einfallen. Geben Sie nicht vorschnell auf, sondern zeigen Sie Beharrlichkeit. Möglicherweise wiegen Ihre negativen Gedanken so schwer, dass Sie viele Versuche benötigen, um positive Annahmen zu erarbeiten, die ein Gleichgewicht herbeiführen könnten.

Die Gute-Nacht-Übung

Die Gedanken, die Sie vor dem Einschlafen bewegen, wirken sich unmittelbar auf Ihr Schlaf- und Traumgeschehen aus. Wenn Sie vor dem Einschlafen nur an das denken, was Ihnen misslungen ist und wo sie versagt haben, so werden Sie bestimmt am nächsten

Morgen energielos und wie erschlagen aufwachen, sofern Sie überhaupt einschlafen konnten.

Werden Sie sich Ihrer Gedanken vor dem Einschlafen bewusst. Welche Gedanken gingen Ihnen durch den Kopf? Mit welchem Gefühl sind Sie am nächsten Morgen aufgewacht? Machen Sie sich hierzu Anmerkungen in Ihrem Handlungstagebuch. Sie können folgende Orientierungshilfe benutzen:

	GEDANKEN VOR DEM EINSCHLAFEN	ERINNERTE TRÄUME: angenehm (+) oder unangenehm (-)	GEFÜHL BEIM AUFWACHEN: 0 (sehr schlecht) bis 100 (sehr gut). Schätzen Sie in %.
Mo			
Di			
Mi			
Do			
Fr			
Sa			
So			

Gibt es einen Zusammenhang zwischen Ihren Gedanken vor dem Einschlafen und Ihrem Gefühl beim Aufwachen? Wenn ja, nehmen Sie vor dem Einschlafen eine bewusste Gedankenkontrolle vor.

Hierzu folgender Tipp: Hören Sie damit auf, sich vor dem Einschlafen die negativen Begebenheiten des Tages in Erinnerung zu rufen. Es ist für Ihr Wohlbefinden außerordentlich wichtig, ein angenehmes Bild vor dem Einschlafen zu entwickeln.

Dies können Sie trainieren. Wählen Sie aus den angegebenen Vorstellungen diejenigen aus, die Ihnen leichtfallen: Denken Sie vor dem Einschlafen zum Beispiel an eine idyllische Landschaft; einen ruhig dahinströmenden Fluss; einen Menschen, der Sie mag; an einen warmen Sommertag; einen Hund, mit dem Sie gerne spielen; eine gelungene Urlaubsreise; ein Buch, das Sie gerne lesen; einen blühenden Garten oder an einen guten Spruch, den Sie kürzlich gelesen haben.

Ergänzen Sie diese Motive durch Ihre eigenen! Sie werden bei konsequenter Anwendung dieser Übung nicht nur besser schlafen, sondern auch Ihre Träume werden angenehmer sein. Suchen Sie täglich vor dem Einschlafen nach ein paar kleinen Alltagsfreuden, auf die Sie sich gedanklich konzentrieren können. Sie verankern so in Ihrem Unterbewusstsein angenehme Gedankeninhalte. Denken Sie beim Aufwachen daran, wie Sie den kommenden Tag angenehm gestalten können. Besonders wirksam ist es, Ihre vorteilhaften Sätze gleich nach dem Aufwachen oder auch kurz vor dem Einschlafen zu praktizieren. Beschäftigen Sie sich auch mit folgendem Gedankenspiel: Stellen Sie sich vor, der heutige Tag könnte sprechen, und sammeln Sie Ideen zu der Frage: Was genau würde sich der Tag heute von Ihnen wünschen? Sicherlich wünscht sich der Tag von Ihnen, dass es Ihnen gut geht, dass Sie wohlauf sind und das tun können, was Sie sich vorgenommen haben.

Die Beruhigung des Horrorkabinetts
Legen Sie in Ihrem Handlungstagebuch drei Spalten an und beschriften Sie diese mit

1. Das Allerschlimmste
2. Erleichterungsaussagen
3. Das Allerbeste

Schreiben Sie zu Punkt 1 die Ängste auf, die häufig bei Ihnen auftreten. Was wäre das Allerschlimmste, das Ihnen passieren könnte, falls Ihre Katastrophenfantasien wirklich eintreffen würden? Tragen Sie nun in die dritte Spalte das positive Gegenbild ein. Was wäre das Allerbeste? Füllen Sie dann die mittlere Spalte mit konkreten Ideen, die Sie zur Beruhigung einsetzen könnten. Das nachfolgende Beispiel soll eine Hilfe für Sie sein:

DAS ALLER-SCHLIMMSTE	ERLEICHTERUNGS-AUSSAGEN	DAS ALLERBESTE
Mein Herz schlägt unregelmäßig. Ich werde einen Herzinfarkt haben.	› Wenn dies geschieht, kann ich mich mit den Worten beruhigen: Mein Herz schlägt bald wieder ruhig und gleichmäßig. › Mein Verstand weiß, dass das lediglich eine körperliche Reaktion ist, die kommt und vorübergeht.	Mein Herz ist gesund.
Ich werde bei der Prüfung durchfallen.	Ich kann › die Prüfung noch mal wiederholen; › mich von der Prüfung zurückstellen lassen und mich besser vorbereiten; › vor der Prüfung Atemtechniken zur Beruhigung einsetzen; › das Risiko durchzufallen bejahen.	Ich bestehe die Prüfung ganz bestimmt.
Die S-Bahn bleibt im Tunnel stecken und ich verliere die Kontrolle.	Wenn es geschieht, kann ich › mich mit dem Nebenmann unterhalten; › eine Zeitschrift durchblättern und mich ablenken; › mir sagen, die Bahn fährt in ein paar Minuten wieder weiter.	Die S-Bahn fährt zügig durch und ich denke überhaupt nicht daran, dass etwas passieren könnte.

Das ganz konkrete Formulieren von Alternativen, die Ihnen bei tatsächlichem Eintreten eines unerwünschten Ereignisses zur Verfügung stünden, ist ein wirksamer Weg, sich mit Angst- und Hilflosigkeitsgefühlen auseinanderzusetzen. Durch vernünftiges, Ihre objektiven Möglichkeiten wahrnehmendes Bewerten der als bedrohlich erlebten Situation können Sie Ihren Katastrophengedanken eine erträgliche Form geben. Die dritte Spalte (Das Allerbeste) verdeutlicht, dass in jeder Situation auch ein guter Ausgang möglich ist.

Das ASV-Schema

Ähnlich wie bei einer defekten CD, auf der die gleiche Stelle sich häufig wiederholt, spuckt Ihr gedanklicher Computer die gleichen misstönenden Gedanken wiederholt aus. Statt Handlungen werden Gedanken aktiviert, die sich im Kreise drehen.

Beispiel für einen fehlgeleiteten gedanklichen Prozess, bedingt durch einen spezifischen Auslöser:

Auslöser (A): Jemand sitzt Ihnen in der U-Bahn gegenüber und runzelt die Stirn.

Störgedanke (S): Niemand mag mich.

Veränderungsgedanke (V): Sie überlegen aktiv, wie Sie den Auslöser (A) anders als bisher bewerten könnten. Zum Beispiel:

- Vielleicht hat mein Gegenüber schlechte Laune.
- Wenn er mich tatsächlich ablehnt, so habe ich Freunde, die mich gerne mögen.
- Mein Gegenüber sieht mich gar nicht an und denkt wahrscheinlich an jemand anderen.

Üblicherweise bleiben Sie beim jeweils auftauchenden Störgedanken stehen. Weitere Gedanken, die Ihnen aus der Missstim-

mung heraushelfen könnten, fallen Ihnen nicht ein. Lernen Sie
nun, den Auslöser wahrzunehmen und den nachfolgenden Störgedanken klar als solchen zu identifizieren. Entwickeln Sie zudem einen hilfreichen Gedanken, der Sie dabei unterstützt, Ihr
Gefühl zu verändern (= Veränderungsgedanke). Benutzen Sie
hierzu das im Beispiel verwendete ASV-Schema. Bleiben Sie bei
dem positiven Resultat und kehren Sie nicht wieder zur alten
Sequenz zurück. Notieren Sie Ihren Veränderungsgedanken in
Ihrem Handlungstagebuch und lesen Sie ihn so lange immer wieder durch, bis der Störgedanke in den Hintergrund tritt. Mithilfe
des ASV-Schemas können Sie auch hartnäckig wiederkehrende
Gedankenabläufe jederzeit unterbrechen und sich davon befreien.

Die Wenn-dann-und-Strategie

Sie lernen bei dieser Übung Ihre »automatisch« ablaufenden
angsterzeugenden Gedanken in eine andere Richtung zu lenken.
Sie werden nach wie vor Gefahrensignale wahrnehmen und darauf reagieren – allerdings in einer neuen Weise. Sie werden diese
Signale bejahen und zugleich an der Veränderung Ihrer Angstgedanken arbeiten. Führen Sie diese Übung in schriftlicher Form
durch. Sie gewinnen hierdurch Kontrolle über Ihr Denken und
haben so die Chance, angststeigernde Gedanken sofort zu erkennen und angstreduzierende Maßnahmen zu treffen.

Ihre angsterzeugenden Gedanken treten meist in bestimmten
Verknüpfungen auf. Zum Beispiel: »Wenn ich das Haus verlasse,
dann werde ich weiche Knie bekommen«, »Wenn ich einkaufen
gehe, dann werden mir an der Kasse die Hände zittern«, »Wenn
ich zum Essen ausgehe, dann werde ich im Lokal schweißgebadet
sein«, »Wenn ich einen Hund sehe, dann bekomme ich einen Panikanfall«. Kommen Ihnen solche negativen Verknüpfungen be-

kannt vor? Überprüfen Sie, ob Sie irgendwelche Situationen mit negativen Vorhersagen verbinden.

Nehmen Sie Ihr Handlungstagebuch und fertigen Sie eine Aufstellung von Situationen an, die Sie als gefährlich einschätzen. Formulieren Sie diese in einem Wenn-dann-Zusammenhang. Beschreiben Sie angstauslösende Wenn-Gedanken und die angstmachenden Dann-Konsequenzen. Erarbeiten Sie nun einen Handlungsplan anhand folgender Anleitung. Verknüpfen Sie Ihre Wenn-dann-Sätze mit dem Wörtchen »und« und fügen Sie einen hilfreichen Gedanken hinzu.

Hier einige Beispiele zur Erweiterung Ihrer alternativen Gedankenliste:

WENN – DANN	UND	
Wenn ich einkaufen gehe, dann werden mir die Hände zittern	*und*	› es merkt bestimmt keiner. › um mich abzulenken, schaue ich die Produkte an. › ich sage mir, dass es bald vorbeigehen wird.
Wenn ich zur Arbeit gehe, dann habe ich Angst, dass etwas Schreckliches passieren könnte	*und*	› ich weiß, dass das nur ein Gedanke ist. › ich sage mir den Satz: »Vertraue, es wird schon gut gehen.« › ich kann mich durch die Vorstellung eines angenehmen Ereignisses wieder beruhigen.
Wenn ich mich auf der Straße schwach fühle, dann habe ich Angst umzufallen	*und*	› ich sehe zu, mich irgendwo festhalten zu können. › ich denke mir: »Was ist schon dabei, anderen Menschen passiert das auch hin und wieder.« › ich nehme ein paar bewusste tiefe Atemzüge.

Die Wenn-dann-und-Strategie ist wirkungsvoll, weil Sie die negativen Gedanken nicht verdrängen, sondern sich bewusst mit diesen auseinandersetzen. Sie stellen die negative Erwartung, etwa umzufallen oder zu versagen, einfach in einen anderen Zusammenhang. Sie korrigieren hierdurch fehlerhafte Erwartungshaltungen. Trainieren Sie sich alternative Gedanken an, damit Sie in bedrohlichen Situationen zunehmend Kontrolle ausüben können. Die Beispiele geben Ihnen Anleitung. Probieren Sie es aus. Üben Sie. Nehmen Sie sich Zeit, alternative und hilfreiche Gedanken zusammenzustellen.

Die Was-wäre-wenn-Veränderungstechnik
Gehören Sie zu den Menschen, die ständig in »Was-wäre-wenn-Kategorien« denken? Ihr innerer Dialog gestaltet sich dann folgendermaßen:

- Wenn ich keine Angst hätte, dann würde ich mit dem Zug fahren.
- Wenn ich selbstsicherer wäre, dann könnte ich … tun.
- Wenn ich einen Partner hätte, dann wäre ich glücklicher.

Eine geläufige Variante dieses Denkens ist: »Hätte ich, dann wäre …« Seien Sie ehrlich zu sich selbst! Wie viele dieser »Was wäre wenn«- oder »Hätte ich, dann wäre«-Sätze begleiten Ihren Alltag? Überlegen Sie, ob Ihnen diese Denkstrategie schon einmal geholfen hat, Ihre Angst- und Hilflosigkeitsgefühle zu bewältigen. Sicher werden Sie feststellen, dass solche Gedanken weder hilfreich noch stärkend waren. All Ihre »Was wäre wenn«- und »Hätte ich doch«-Gedanken führen lediglich zu einer Steigerung Ihrer Unzufriedenheit und Hilflosigkeit. Entschärfen Sie solche Gedankengänge durch gegenwartsbezogene Überlegungen.

Vielleicht können Sie – wenn Gedanken der beschriebenen Art auftreten – kurz innehalten und darauf achten, was genau Sie in diesem Moment hören oder sehen. Lauschen Sie! Vielleicht können Sie das Zwitschern eines Vogels hören oder wahrnehmen, wie der Wind die Blätter des Baumes vor Ihrem Fenster bewegt. Die Hier-und-jetzt-Ausrichtung ist ein wirksames Mittel, um Gedanken zu stoppen und sich anderen Themen zuzuwenden.

Die Konfrontationsübung

Angst und Hilflosigkeit erzeugende Gedanken werden nicht konsequent zu Ende gedacht. Das Denken kehrt immer wieder zum Ausgangspunkt der vermeintlichen Befürchtungen zurück.

Hierzu ein Beispiel: Auf einer Party sind Sie dem Gedanken verhaftet, Sie könnten aufgrund Ihrer Unsicherheit und Angst womöglich zu stottern beginnen. Ihre Knie könnten versagen oder Sie könnten das Weinglas zu Boden fallen lassen, weil Ihre Hände so sehr zittern. Diese Vorstellungen führen dazu, dass Sie sich wahrscheinlich unwohl, unsicher und möglicherweise auch ängstlich und hilflos fühlen. Auch wenn Ihre allerschlimmsten Befürchtungen eintreten würden, ginge die Welt keineswegs unter. Der besorgte Gastgeber würde Ihnen vielmehr auf die Beine helfen oder Ihnen einen Platz anbieten, wo Sie sich kurz hinsetzen und ausruhen könnten.

Nehmen Sie Ihr Handlungstagebuch und notieren Sie im Hinblick auf eine zukünftige Situation Ihre Befürchtungen. Stellen Sie sich die Frage, was geschehen würde, wenn das Befürchtete tatsächlich eintreten würde. Was könnte passieren, wenn Ihnen schwindelig würde und Sie umfielen? Würden Sie es überleben? Es wird zwar ein unangenehmes Erlebnis für Sie sein, aber Sie könnten es sowieso nicht verhindern. Es geschieht einfach! Und dann? Irgendjemand würde Ihnen vermutlich helfen oder Sie selbst würden sich wieder erholen, aufstehen, und die unangenehme Situation wäre bald (wahrscheinlich schon nach wenigen Minuten) vorbei.

Suchen Sie sich nun ein für Sie zutreffendes Beispiel heraus und beschreiben Sie dieses so konkret wie irgend möglich. Verwenden Sie hierfür die nachfolgenden Fragen:

- Was wäre, wenn die allerschlimmste Befürchtung tatsächlich einträte?
- Wo geschähe das befürchtete Ereignis?
- Welche körperlichen Beeinträchtigungen könnten sich ergeben?
- Wie könnten Sie nach Eintreten der befürchteten Situation diese noch beeinflussen? Mit welchen Gedanken oder Handlungen könnten Sie die befürchtete Situation noch schlimmer machen? Wie könnten Sie sie durch eine geeignete Handlung besser machen?
- Wie verhielten sich die Menschen, die dabei wären?
- Würde jemand helfen?
- Was geschähe danach?

Selbst das Allerschlimmste lässt noch verschiedene Handlungsmöglichkeiten offen, die Sie bei entsprechendem Überdenken erkennen können.

Das Klassenzimmer des Lebens

Ihr Leben ist vergleichbar mit einer Schule, in der Sie von Klasse zu Klasse gehen. Jede Klassenstufe ist mit Herausforderungen und Aufgaben eigener Art gefüllt. Manchmal haben Sie auch Fächer, in denen Sie etwas Nachhilfe benötigen. Solche Nachhilfe will dieses Buch bieten. Stellen Sie sich vor, Sie seien Lehrer von

Beruf. In Ihrem Lehrplan ist das Fach »Lebensweisheit« vorgesehen. Ihre Schüler möchten einen guten Unterricht erhalten. Sie als Lehrer können das pädagogische Vorgehen selbst entwickeln.

Führen Sie nun folgendes Fantasiespiel durch:

Wählen Sie eines Ihrer Angstthemen aus und stellen Sie sich dann einen Schüler in Ihrer Fantasieklasse vor, der genau dieses Problem hat. Entscheiden Sie sich dafür, diesem Schüler Nachhilfeunterricht zu geben. Lassen Sie ihn zunächst die angstauslösende Situation ganz genau beschreiben. Wo genau ereignet sich die Szene? Wer ist dabei anwesend? Was genau wird gesprochen? Wie verhalten sich die anwesenden Personen? Was könnte jemand, der eine Filmaufnahme über diese Szene dreht, wahrnehmen? Wie verhält sich der Schüler? Was genau nehmen die anderen wahr, die mit diesem Schüler in Kontakt sind? Könnte eine der anwesenden Personen den Schüler hilfreich unterstützen?

Setzen Sie sich nun mit diesem Schüler hin und erarbeiten Sie einen schriftlichen Plan. Diesen unterteilen Sie folgendermaßen:

- *Angstsituation:* Genaue Beschreibung der angstauslösenden Situation (siehe Fragen oben).
- *Lernziel:* Was genau soll gelernt werden? Welche Einstellungen, Gedanken und Verhaltensweisen sollen sich ändern?
- *Positive Selbstaussagen:* Wer könnte welche tröstlichen oder beruhigenden Worte oder Sätze sagen? Was könnte der betreffende Schüler zu sich selbst sagen? Was genau würden Sie als Lehrer zu dem Schüler sagen?
- *Übungs- und Handlungsprogramm:* Welche Aktionen sind erforderlich? Wie können diese umgesetzt werden?

Diese Übung wird bei gewissenhafter Durchführung einige Zeit in Anspruch nehmen. Sie wird Ihnen jedoch auf ganz praktische Weise mögliche Selbsthilfestrategien verdeutlichen.

Die Schnatterkiste

Wenn Ihre Gedanken sich um Angstinhalte drehen, bleibt Ihnen nur wenig Zeit, sich mit angenehmen Vorstellungen und Erinnerungen zu beschäftigen. Der erste aktive Griff in die »Schnatterkiste« ist getan, wenn Sie die Verantwortung für Ihre Gedanken übernehmen. Den Deckel Ihrer inneren Schnatterkiste zu schließen oder sie gar zu entleeren, ist nicht einfach, da Ihnen Ihre beunruhigenden Gedankengänge zu einer vertrauten Gewohnheit geworden sind.

Hier nun einige Übungen, die Sie anwenden können, wenn die unangenehmen Gedanken zu häufig auftreten oder sich zu stark in den Vordergrund drängen.

Die Fragetechnik

Denken Sie stets daran, dass der fantasierte unangenehme Ausgang eines Ereignisses nur einer unter mehreren Möglichkeiten ist. Entleeren Sie nun Ihre Gedankenkiste mithilfe der folgenden Fragen:

- Habe ich Beweise für meine Befürchtung? Wie oft ist das befürchtete Ereignis in den letzten Monaten tatsächlich eingetreten?
- Ist das befürchtete Ereignis bisher in jeder Situation eingetreten oder hat es sich nur in bestimmten Situationen gezeigt?
- Wie hoch ist die Wahrscheinlichkeit (in Prozent), dass das befürchtete Ereignis in den nächsten Stunden, Tagen oder Wochen eintritt?
- Was wäre eigentlich das Allerschlimmste, wenn meine Befürchtung einträte? Wie könnte ich mir dann helfen?

Beispiel: Frau A. soll in ihrer Firma eine Präsentation gestalten, und allein bei dem Gedanken daran bekommt sie Herzrasen und ein flaues Gefühl im Magen. Die Sätze aus der Gedankenkiste könnten in diesem Zusammenhang heißen: »Ich kann das nicht« und »Meine Stimme wird versagen«. Hat Frau A. einen Beweis dafür, dass es wirklich so sein wird?

Kennen Sie auch so eine Situation? Haben Sie schon einmal in einer wichtigen Situation versagt? Was haben Sie bislang – obwohl Sie Ihrer Meinung nach ja ein Versager sind – an Positivem erreicht? Oder haben Sie wirklich jedes Mal in einer wichtigen Situation versagt? Wie groß ist die Wahrscheinlichkeit, dass Sie in der Tat versagen, wenn Sie sich gut vorbereiten? Das Allerschlimmste wäre vermutlich, dass Sie zu stottern beginnen würden und Ihre Präsentation möglicherweise abbrechen müssten. Was könnten Sie dann tun, um – vielleicht später – Ihre Präsentation doch noch erfolgreich zu halten?

Die Umgestaltung der Erinnerungskiste

Diese Übung bezieht sich auf ein vergangenes Ereignis, das Sie schriftlich analysieren sollen.

Erinnern Sie sich an eine Situation zurück, die bei Ihnen Angst- und Hilflosigkeitsgefühle erzeugt hat. Führen Sie sich die Ereignisse, die damit verbunden waren, nochmals ganz deutlich vor Augen. Nehmen Sie nun Ihr Handlungstagebuch und tragen Sie auf der linken Seite die Gedanken ein, die zu Ihrem Gefühl der Hilflosigkeit beigetragen haben. Je mehr Stör- und Negativgedanken Sie hierbei identifizieren können, desto besser. Überlegen Sie, auf welche andere Art und Weise Sie das Problem vielleicht hätten lösen können. Beantworten Sie nun schriftlich folgende Fragen:

- Welche äußeren Faktoren haben zur Entstehung der Angst beigetragen?
- Welche Katastrophengedanken hatten Sie schon vor Eintritt der Situation?
- Welche Handlung hätten Sie durchführen können, um die Situation zu wandeln?
- Was hätte Ihnen jemand geraten, der es wirklich gut mit Ihnen meint?

Die Ich-kann-Übung

Diese Übung wird zuerst im Sitzen durchgeführt. Legen Sie eine Stoppuhr vor sich hin und widmen Sie sich eine Minute lang einem für Sie angstbesetzten Thema. Erheben Sie sich nach Ablauf der vorgegebenen Zeit sofort. Stehen Sie auf, bewegen Sie sich und gehen Sie im Raum herum. Formulieren Sie dann ganz bewusst Sätze über Dinge, die Sie gut können (»Ich-kann-Sätze«).

Beispiel: Maria hat Angst davor, rot zu werden. Sie konzentriert sich eine Minute lang auf diesen Gedanken, stellt sich vor, dass sie bei Gesprächen mit Kollegen »knallrot« anlaufen könnte, und bemerkt, wie peinlich ihr das ist. Ihre »Ich-kann-Sätze« lauten folgendermaßen: »Ich kann gut zuhören«, »Ich kann mich hübsch anziehen«, »Ich kann gut Englisch sprechen«, »Ich habe einen guten Geschmack«.

Die »Ich kann«-Sätze beziehen sich bei unserem Beispiel nicht auf die kritische Situation (mögliches Erröten), sondern Maria äußert spontane Einfälle zum Stichwort »Ich kann«, zum Beispiel »Ich kann gut zuhören«, »Ich kann mich hübsch anziehen«, »Ich kann gut Englisch sprechen«.

Bei dieser Übung denken Sie nicht nur an den als schwierig erlebten Lebensbereich, sondern stärken sich durch die bewusste Erinnerung an das, was Sie eigentlich gut können. Das bewusste

Erinnern an persönliche Stärken tut gut und führt dazu, dass Sie sich gedanklich von Ihren Angstvorstellungen ablenken können.

Das Wertschätzungsspiel

Schreiben Sie in Ihr Handlungstagebuch auf eine rechte Seite all die Eigenschaften, die Sie an sich mögen. Sie sollten mindestens zehn verschiedene Punkte finden. Listen Sie nun auf der gegenüberliegenden Seite Ihre zehn schwächsten Eigenschaften auf, diejenigen also, die Sie gerne an sich ändern möchten. Vergleichen Sie nun die beiden Seiten miteinander. Welche fiel Ihnen leichter? Suchen Sie sich nun aus der positiven Aufstellung eine Eigenschaft heraus und gestalten Sie damit einen Satz, den Sie mit »Ich kann …« beginnen (zum Beispiel: »Ich kann gut zuhören«, »Ich kann anderen Menschen mit Geschenken eine Freude bereiten«). Entscheiden Sie sich dazu, im Laufe des heutigen Tages diesen Satz so oft wie möglich in Ihr Denken einfließen zu lassen. Konzentrieren Sie sich mehr auf Ihre Fähigkeiten als auf Ihre vermeintlichen Schwächen. Sie können diese Übung an verschiedenen Tagen mit jeweils anderen Sätzen durchführen. Bei wiederholter Anwendung werden Ihnen gewiss noch weitere positive Eigenschaften einfallen, die Ihnen möglicherweise bis heute nicht bewusst waren.

Erweitern Sie diese Übung und sagen Sie sich: »Ich schätze mich, weil ich gut … kann«. Finden Sie Verhaltensweisen und Fähigkeiten, die Sie an sich mögen. Erinnern Sie sich dabei auch an positives Feedback, das Sie von anderen erhalten haben. Meist betrachten wir uns selbst viel kritischer und sind strenge Richter, wenn es um die Bewertung des eigenen Verhaltens geht. Andere Menschen sehen jedoch oft unsere Vorzüge und Stärken. Achten Sie im Alltag darauf, welche Komplimente Sie erhalten, und bauen Sie diese in Ihre tägliche Übung ein.

Die Erfolgserlebnis-Übung

Stellen Sie sich eine schöne Naturszene im Frühling vor. Es ist warm. Sie hören die Vögel zwitschern. Die Bäume zeigen die ersten Blätter und überall um Sie herum beginnt es zu blühen. An so einem Tag fühlen Sie sich bestimmt zufrieden und ausgeglichen. Ihr Leben besteht nicht nur aus Angst, Panik und anderen Schwierigkeiten, sondern auch aus angenehmen Erinnerungen und Vorstellungen, die Sie jederzeit hervorholen können. Die Erinnerung an positive Erlebnisse (wie zum Beispiel angenehme Naturerfahrungen, schöne Bergtouren, bereichernde Gespräche mit anderen) können Sie jetzt wieder lebendig werden lassen. Was ist Ihnen zum Beispiel letzte Woche gut gelungen?

Notieren Sie die zehn Punkte, die dafür sprechen, dass Sie Ihren Alltag gut gestalten können und erfolgreich sind. Bedenken Sie, dass diese Erfolge nicht »zufällig« geschahen, sondern stets mit eigenen Handlungen verbunden waren. Beziehen Sie in die Aufstellung Ihrer Positivliste nicht nur berufliche Leistungen mit ein, sondern denken Sie auch an Situationen, die Sie im Freundeskreis gut gemeistert haben (zum Beispiel ein gutes Gespräch am Telefon, ein Geburtstag, an den Sie gedacht haben, etc.). Denken Sie auch an Begebenheiten, deren Bewältigung Ihnen zwar nicht leicht fiel, die Sie jedoch trotzdem durchgeführt haben – trotz Ihrer Angst! Überlegen Sie nach Fertigstellung Ihrer Notizen auch, durch welche konkrete Handlung Sie die jeweilige Situation erfolgreich gemeistert haben. Erfolg besteht aus den Elementen Denken und Tun!

Die Gefühlsschaukel

Angst- und Hilflosigkeitsgefühle haben ebenso ihren Platz im Leben wie freudige und angenehme Empfindungen. Finden Sie nun – schriftlich – heraus, durch welche Gedanken Sie angenehme oder unangenehme Gefühle in sich erzeugen. Negative Gedanken summieren sich und führen zu einer kritischen Schwelle, an der die Rückkehr in einen normalen Gefühls- und Denkzustand nicht mehr möglich ist.

Zur Verdeutlichung des Prozesses, bei dem Sie sich selbst in negative Gefühlsstimmungen hineinmanövrieren, erstellen Sie nun Ihre persönliche »Angstkurve«. Sammeln Sie Gedanken und Erlebnisse, die Sie aus einer eher angenehmen Grundstimmung immer weiter in eine unangenehme Gefühlslage hineinziehen, bis schließlich ein kritischer Punkt erreicht ist, nach dessen Überschreiten eine Umkehr nicht mehr möglich erscheint. Ihr Angstanfall verläuft dann in der ihm eigenen Dynamik. Ebenso wenig, wie Sie eine Welle, die Ihrem Gipfelpunkt zustrebt, zurückhalten können, wird es Ihnen möglich sein, dem Angstanfall während seines Höhepunktes Einhalt zu gebieten. Sie müssen dann einfach abwarten, bis die Angst sich gelegt hat, die körperlichen Begleiterscheinungen abgeklungen sind und sich Ihr Organismus wieder beruhigt hat. Wie ein Surfer werden Sie aus einem Wellental von der gleichen Welle wieder nach oben getragen.

Erstellen Sie anhand des folgenden Beispiels Ihre eigene »Angstkurve«: Überlegen Sie, welche körperlichen Symptome, Vorstellungen, Gedanken oder Handlungen bewirken könnten, die kritische Schwelle nicht zu überschreiten. Ob es bei diesem fast automatisch ablaufenden Geschehen nicht eine Denk- oder Handlungsmöglichkeit für Sie gäbe, die Sie schneller nach oben tragen könnte? Machen Sie sich anhand der von Ihnen erstellten Angstkurve die Gründe bewusst, die zur Aufrechterhaltung und Auslösung Ihres Angstanfalles beitragen könnten. Schreiben Sie das Ergebnis Ihrer Überlegungen in Ihr Handlungstagebuch. Vielleicht gelingt es Ihnen auch, sich bildlich ein Stoppschild vorzustellen, und damit zu verhindern, dass Sie von der einsetzenden Angstwelle »weggespült« werden.

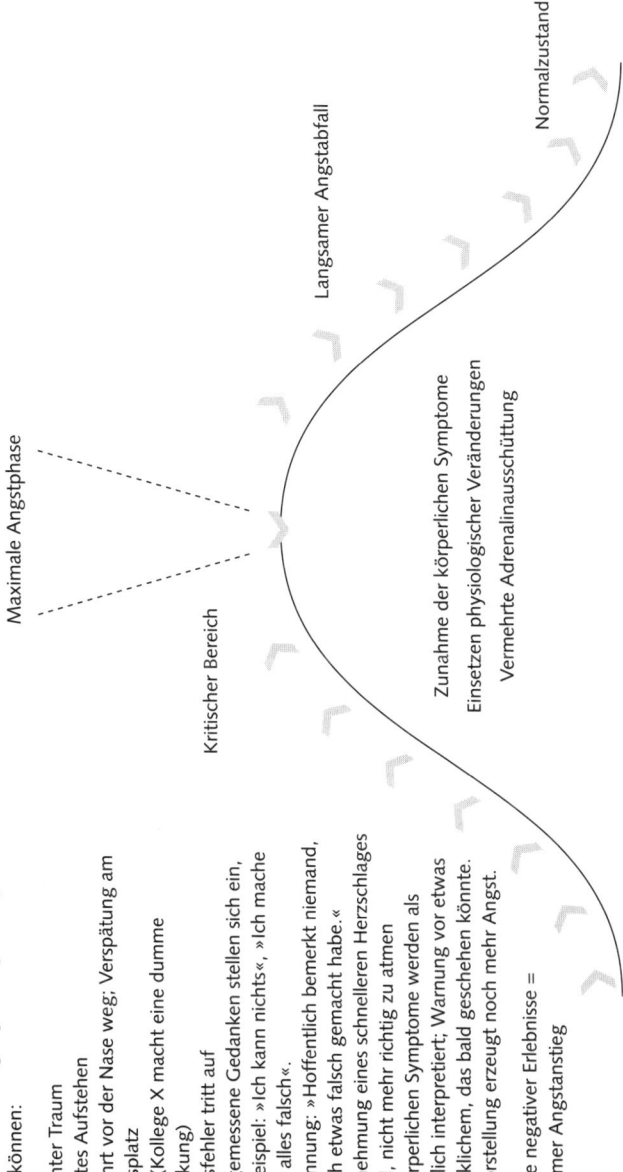

DIE ANGSTKURVE

Phase, in der Bewältigungsstrategien eingesetzt werden können:

› schlechter Traum
› zu spätes Aufstehen
› Bus fährt vor der Nase weg; Verspätung am Arbeitsplatz
› Ärger (Kollege X macht eine dumme Bemerkung)
› Arbeitsfehler tritt auf
› Unangemessene Gedanken stellen sich ein, zum Beispiel: »Ich kann nichts«, »Ich mache immer alles falsch«.
› Anspannung: »Hoffentlich bemerkt niemand, dass ich etwas falsch gemacht habe.«
› Wahrnehmung eines schnelleren Herzschlages
› Gefühl, nicht mehr richtig zu atmen
› Die körperlichen Symptome werden als gefährlich interpretiert; Warnung vor etwas Schrecklichem, das bald geschehen könnte.
› Die Vorstellung erzeugt noch mehr Angst.

Summe negativer Erlebnisse = langsamer Angstanstieg

Maximale Angstphase

Kritischer Bereich

Langsamer Angstabfall

Normalzustand

Zunahme der körperlichen Symptome
Einsetzen physiologischer Veränderungen
Vermehrte Adrenalinausschüttung

Der Zweifler in Ihnen

In jedem von uns gibt es jenen Persönlichkeitsanteil, der sich Zweifler nennt. Der Zweifler hat viele verschiedene Stimmen und mischt sich meist sehr streng und verurteilend in unsere Gedanken ein. Er flüstert etwa leise zu: »Auch diese Übungen werden dir nicht helfen«, »Du kannst dich sowieso nicht verändern«, »Denkst du denn wirklich, du schaffst das, was du dir vornimmst?«, »Bist du tatsächlich gut genug, um diese Aufgabe auszuführen?« Der Zweifler ist ein Teil Ihres Gefühlsbereiches, der immer wieder Ihren Veränderungsprozess zu boykottieren sucht.

Sie können diesem zweifelnden Teil nur begegnen, wenn Sie auch hilfreichen Stimmen einen Platz einräumen. Gebieten Sie dem Zweifler Einhalt, sagen Sie sich innerlich ein lautes »Stopp!«. Denken Sie zuerst den negativen Gedanken des Zweiflers zu Ende und bitten Sie dann Ihre positive innere Stimme um einige hilfreiche Bemerkungen. Stellen Sie sich den Zweifler wie eine Person vor. Wie sähe diese Person aus? Welche Körperhaltung hätte Sie? Wie weit stünde Sie von Ihnen entfernt? Wie wäre Ihr Gesichtsausdruck? Bringen Sie diese Person dann mit Worten dazu, Sie in Ruhe zu lassen. Sie haben neben dem Zweifler auch andere Persönlichkeitsanteile! Suchen Sie Kontakt zu dem mutigen Teil in Ihnen, der etwa folgende Botschaft geben könnte:

- »Versuche es noch einmal.«
- »Du lernst durch Erfahrung.«
- »Trau dich! Probiere es aus.«
- »Du kannst trotz deiner Angst handeln.«

Erlauben Sie dem Zweifler nicht, das letzte Wort zu haben. Üben Sie sich darin, Ihrem mutigen Teil das letzte Wort zu geben. Lassen Sie sich dies zur Gewohnheit werden, die Sie Ihr Leben lang beibehalten können. Hierzu folgende Übung:

Der Dialog mit den inneren Dämonen

Bei dieser Übung werden Sie dazu ermutigt, mit Ihren »Schattenaspekten«, in denen Ihre Gefühle von Angst und Hilflosigkeit ihre Wurzeln haben (im Folgenden als »Angstdämonen« bezeichnet), ein Gespräch zu führen. Dieser Dialog soll zur besseren Orientierung schriftlich geführt werden. Hören Sie in sich hinein. Mit welchen Gedanken beginnt Ihr Angstdämon sein Spiel? Vielleicht flüstert er Ihnen etwas ein wie: »Du hast schon oft vergeblich versucht, mit deiner Angst zurechtzukommen, warum sollte es dieses Mal klappen?« Antworten Sie nun Ihrem Angstdämon. Beginnen Sie die Antwort mit der Einleitung: »Nein, du täuscht dich, denn …«

Beispiele:

Angstdämon: »Deine Situation am Arbeitsplatz ist hoffnungslos, weil du unfähig bist.«

Antwort: »Nein, du täuscht dich, denn ich kann mich in die neue Aufgabe einarbeiten.«

Angstdämon: »Du wirst im Aufzug einen Panikanfall haben.«

Antwort: »Nein, du täuscht dich, denn ich könnte tief durchatmen und mir vorstellen, dass ich diese Situation bewältigen kann.«

Stellen Sie auch Gedanken zusammen, die Ihnen helfen, die Stimme des Angstdämons zu entkräften. Setzen Sie den Dialog so lange fort, bis der Angstdämon die Lust an diesem Spiel verloren hat und Sie diese Übung mit einer positiven Feststellung beenden können. Sammeln Sie all die Ideen und Einfälle, die Sie dem Dämon wirkungsvoll entgegensetzen können. Nutzen Sie Ihr Handlungstagebuch, um Ihre Erfolge aufzuschreiben!

Der strenge Richter

Das, was wir über uns selbst denken, kann uns stärken oder schwächen. In Gedanken können wir uns anklagen und verurteilen und dabei erleben, wie wir uns klein fühlen. Überwiegt ein negatives Selbstbild, ist es für Sie wichtig, mithilfe des vorliegenden Übungsprogrammes auch Ihre positiven Seiten wahrzunehmen und wertschätzen zu können. Solange Sie glauben, dass Sie als Person weniger können als andere, werden Sie kein Vertrauen zu sich selbst entwickeln können. Nehmen Sie auch Ihre positiven Seiten wahr. Schicken Sie Ihren strengen inneren Richter auf Reisen, während Sie sich mit diesem Buch beschäftigen. Laden Sie freundliche, tröstliche und nicht bewertende innere Stimmen ein, die Ihren Prozess unterstützend begleiten.

Beantworten Sie nun folgende Fragen in Ihrem Handlungstagebuch:

◻ Mit welchen Sätzen meldet sich der strenge und verurteilende Richter?
◻ Wie lange (Sekunden, Minuten) dauert sein Anklagevortrag üblicherweise?
◻ Mit welchen Sätzen meldet sich der mutige Teil in Ihnen?
◻ Wie könnten Sie den mutigen Teil unterstützen und dafür sorgen, dass Ihnen immer mehr stärkende Gedanken einfallen?

Erschaffen Sie sich nun einen Verteidiger, der zu Ihren Gunsten aussagt. Notieren Sie die Sätze des Richters links in Ihrem Handlungstagebuch und die des Verteidigers rechts.

Beispiel:

Richter: »Du wirst dein Leben lang ein Versager sein. Alle anderen sind besser als du.«

Verteidiger: »Wenn du etwas nicht kannst, so mache dich bereit, es zu lernen. Du kannst dir Fähigkeiten aneignen.«

Sie können sich bei der Stimme Ihres Verteidigers auch jemanden vorstellen, den Sie persönlich kennen. Es sollte sich um eine Person handeln, die es gut mit Ihnen meint. Was würde Ihnen diese Person raten oder sagen? Sammeln Sie entlastende Ideen und verbieten Sie Ihrem inneren Richter, in Ihrem Leben zu viel Raum einzunehmen. Selbstanklagen und Selbstvorwürfe können – obwohl sie über viele Jahre hinweg entstanden sind – durch diese Übung gut unterbrochen werden, wenn Sie Ihren wissenden und verzeihenden Persönlichkeitsanteil schulen, Ermutigungen auszusprechen.

Selbsthilfe durch kreatives Schreiben

Die nun folgenden Papier- und Stiftübungen regen einen spielerischen Umgang mit belastenden Gefühlen und Gedanken an. Durch kreatives Schreiben soll eine Distanzierung von den gegenwärtigen Ängsten bewirkt werden. Gestalten Sie Ihre eigenen Übungen! Je kreativer und selbsttätiger Sie mit Ihren Angst- und Hilflosigkeitsgefühlen umgehen, desto eher besteht die Chance, dass Sie sich auch in einer realen Krisensituation an eine oder mehrere – womöglich von Ihnen selbst erdachte – Selbsthilfemaßnahmen erinnern.

Die Sprachspiel-Übung

Wenn Ihre Gedanken angstvoll auf eine noch nicht eingetretene Situation gerichtet sind, so sollten Sie sich einen Moment Zeit nehmen, um sich mit dieser Übung zu beruhigen. Sie können Folgendes tun: Nehmen Sie Papier und Stift zur Hand und ergänzen Sie der Reihe nach diese unvollständigen Sätze:

Ich bemerke … – Ich vermute … – Ich wundere mich … – Ich erwarte … – Ich denke … – Ich befürchte … – Ich fühle mich enttäuscht … – Ich bin fröhlicher … – Ich möchte … – Ich hoffe … – Ich entscheide mich … – Ich tue …

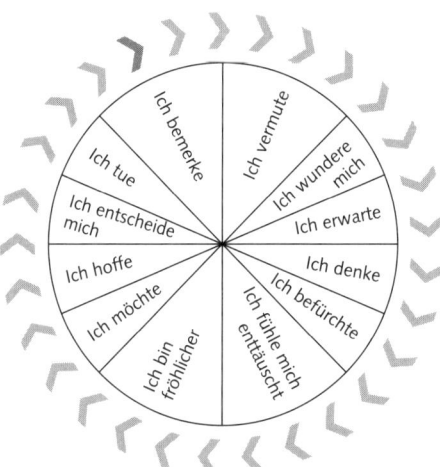

Hierzu das Beispiel von Brigitte, die mithilfe dieser Übung ihre Ängste überwunden hat:

- Ich bemerke, dass mein Herz schneller zu schlagen anfängt.
- Ich vermute, dass ich doch nicht außer Haus gehen kann.
- Ich wundere mich, dass ich schon wieder vor dem Einkaufengehen Angst habe.
- Ich erwarte, dass ich mir selbst nicht helfen kann.
- Ich denke, dass ich gleich einen Angstanfall haben werde.
- Ich befürchte, dass auch diese Übung keinen Sinn hat.
- Ich fühle mich enttäuscht, weil andere nicht so mit sich kämpfen müssen.
- Ich bin fröhlicher, wenn ich trotz meiner Angst handeln kann.
- Ich möchte, dass ich mich jetzt beruhige.

- Ich hoffe, dass ich bald aus dem Haus gehen kann.
- Ich entscheide mich, nun meine Einkaufstasche zu nehmen und zu gehen.
- Ich tue das, was mich weiterbringt.

Diese Übung bewirkt, dass Sie Ihre Angst ganz spezifisch beschreiben und vage Befürchtungen so konkret fassbar werden können. Die Strukturierung durch die einleitenden Worte ermöglicht Ihnen einen sachlicheren Umgang mit der bevorstehenden Angstsituation. Sie gewinnen eine andere Einstellung. Ihr Denken richtet sich darauf aus, aktives Handeln wieder möglich werden zu lassen.

Die Schriftverkleinerungsübung

Nehmen Sie ein Blatt Papier zur Hand und schreiben Sie verschiedene Strategien auf, die Ihnen zeigen, wie Sie eine schwierige, angstbesetzte Situation erfolgreich bewältigen könnten. Entscheiden Sie sich dann für eine dieser Strategien, schreiben Sie diese mehrmals ab und verkleinern Sie jedes Mal Ihre Schrift. Die kleinere Schrift erfordert mehr Konzentration und erhöht die Wahrscheinlichkeit, dass die beschriebene Strategie fortan auch in der Krisensituation zur Verfügung steht und Ihnen sofort einfällt.

Petra erlebt Angst- und Panikgefühle, wenn sie sich in einer längeren Warteschlange befindet, etwa an der Kasse eines Supermarktes. Petra überlegt sich verschiedene Selbsthilfestrategien, zum Beispiel:

- Wenn ich an der Kasse anstehe, sage ich mir: »Angst kommt und geht vorbei«.
- Ich zähle von 1 bis 10, damit mir das Warten leichter fällt.
- Ich lese einen Werbeslogan, der mich ablenkt.

Petra entscheidet sich für die erste Strategie und konzentriert sich auf den Satz »Angst kommt und geht vorbei«, den sie mehrmals in einem Handlungstagebuch einträgt. Bei jedem Eintrag verkleinert sie die Schrift.

Die Brief-an-mich-selbst-Technik

Schreiben Sie einen Brief an sich selbst. Sprechen Sie sich in diesem Brief mit Vornamen und in der Du-Form an. Bringen Sie alle belastenden Gefühle und Gedanken zu Papier. Sie brauchen während des Schreibens keineswegs irgendwelche Lösungen finden. Es geht vielmehr darum, eine Momentaufnahme Ihres Gefühlszustandes zu zeichnen. Schicken Sie diesen Brief an sich selbst auch ab. Sie werden beim Erhalt ein oder zwei Tage später bemerken, dass sich die beschriebene Situation schon verändert hat. Gefühle unterliegen ständigem Wandel. Was Sie jetzt, in diesem Moment, empfinden, wird sich morgen ganz anders für Sie darstellen. Gefühle sind aber auch bewusst und aktiv wandelbar. In einer Angstsituation gehen die meisten Menschen allerdings davon aus, ihre Gefühle des Unwohlseins seien völlig unveränderlich und würden sich auch zeitlich fortsetzen. Wenn Sie jetzt Angst haben, weil Sie sich einer bestimmten Situation nicht gewachsen fühlen, bedeutet dies noch lange nicht, dass es Ihnen in einer Woche genauso gehen wird. Ihre eigene Erwartung hinsichtlich der Unveränderlichkeit und Langfristigkeit unbehaglicher Gefühle lässt diese tatsächlich länger anhalten. Benutzen Sie in Ihrem Brief auch Worte wie »im Moment«, »jetzt«, »gerade«, »zurzeit«, »gegenwärtig«. Durch diese Wortwahl bestärken Sie Ihre Erkenntnis, dass auch intensive Gefühle nur für kurze Zeitspannen auftreten. Beenden Sie den Brief an sich selbst mit einem Satz, in dem das Wort »irgendwann« vorkommt, zum Beispiel »Irgendwann ist alles gut« oder »Irgendwann werde ich mit guten Gefühlen einkaufen gehen«. Sie stimmen sich mit diesem Satz auf eine positive Zukunft ein. Machen Sie dieses kleine Experiment und sehen Sie Ihrem Brief mit Neugier entgegen.

Diese Übung eignet sich insbesondere in akuten Krisensituationen, wenn Sie sich von Angst- und Panikgefühlen überwältigt fühlen. Sie können sich damit relativ rasch wieder beruhigen. Gerade in Stresssituationen sollten Sie Papier und Stift zur Hand nehmen und einen Brief an sich selbst schreiben. Sie können in diesen Brief auch Fragen einbauen. Die Antworten werden sich später ganz von selbst ergeben.

Nachfolgend das Beispiel von Sophie:

Liebe Sophie,

Du bist so verzweifelt, weil Du Dich heute zittrig fühlst und ein flaues Gefühl im Magen hast. Der Schweiß bricht Dir aus, die rechte Hand zuckt. Du hast schreckliche Angst. Alles fühlt sich irgendwie so unheimlich und bedrohlich an. Du verlierst die Kontrolle über Deinen Körper, das Zittern wird noch schlimmer. Kannst Du denn jemals wieder auf die Straße gehen? Du denkst an Deinen Kurs, den Du heute Nachmittag besuchen möchtest. Alles ist so weit weg. Die Angst frisst Dich irgendwie gerade auf. Gibt es denn wirklich nichts, was hilft? Du könntest Dich allerdings erst einmal hinsetzen, Musik hören, die Hände auf den Bauch legen und Dir wünschen, dass Dich die Musik von diesem unangenehmen Zittern ablenkt. Vielleicht hilft Dir das, damit Du Dich beruhigen kannst. Wie machst Du das? Denke daran, dass morgen Deine beste Freundin Geburtstag hat. Das Leben geht also weiter trotz Deiner Angst. Du weißt ja auch schon längst, dass diese Zustände irgendwann vorübergehen und überhaupt nicht so lange andauern, wie Du befürchtest. Nimm Dir jetzt zehn Minuten Zeit, um Dich auszuruhen, und all die Aufregung und Anspannung wird schon bald vorbei sein. Der Bauch fühlt sich schon etwas weniger angespannt an. Atme und werde ruhig! Jetzt bemerkst Du auf einmal, dass draußen ein Vogel vorbeifliegt. Geh doch auch mal ans Fenster und atme Frischluft. Es geht Dir jetzt schon besser.

Ihr eigener Brief wird möglicherweise kürzer ausfallen. Bei aufmerksamem Lesen des Beispiels werden Sie bemerken, dass sich Sophie von einer anfänglich als sehr dramatisch erlebten Angststimmung im Zuge des Schreibens zu einer anderen gedanklichen Haltung hinbewegt. Sie stellt sich Fragen und kommuniziert mit sich selbst. Sie beschreibt und schildert ihren gegenwärtigen Zustand. Sie teilt genau mit, was in ihr vorgeht, wodurch sie erreicht, dass sich die üblicherweise mit der Angst verbundenen Gedanken verändern.

Auch Sie können sich durch das Schreiben beruhigen und Kontakt mit Ihrer »inneren Weisheit« aufnehmen. Probieren Sie es einfach einmal aus!

Die Hochstaplerübung

Manche Menschen können sich gut vorstellen, dass es anderen Menschen gut geht, bei sich selbst jedoch glauben sie nicht an positive Entwicklungsmöglichkeiten. Haben Sie sich auch schon bei dem Gedanken ertappt, einige der hier vorgestellten Übungen zwar ganz gut zu finden, jedoch davon auszugehen, dass Sie selbst nicht davon profitieren können? Sollte dies der Fall sein, so möchte ich Ihnen diese Übung ganz besonders ans Herz legen.

Führen Sie die Übung in den eigenen vier Wänden durch. Nehmen Sie sich viel Zeit und gehen Sie gedanklich in eine konkrete Angstsituation hinein. Stellen Sie sich das Allerschlimmste vor, was passieren könnte. Schreiben Sie auf, was dieses Allerschlimmste für Sie sein könnte – und übertreiben Sie es noch! Steigern Sie sich ruhig hinein!

Carola litt an Agoraphobie (= Furcht vor weiten Plätzen). Sie schrieb zu dieser Übung folgende Zeilen:

»Ich werde nie mehr aus dem Haus gehen können, mein Partner wird mich deshalb verlassen, ich muss meinen Beruf aufgeben, weil ich zu nichts mehr in der Lage bin, meine Knie zittern, ich könnte zu schreien beginnen und verrückt werden. Meine Nachbarn werden den Notarzt rufen und veranlassen, dass ich in die Psychiatrie eingewiesen werde. Ich werde nie mehr herauskommen und meine Kinder werden mich vergessen.«

Sammeln Sie all das negative Material, dass Sie sich vergegenwärtigen können, und schreiben Sie es auf. Betrachten Sie dann Ihren Text und schätzen Sie bei jeder einzelnen Aussage ein, mit welcher realen Wahrscheinlichkeit die von Ihnen formulierten Befürchtungen in der Tat eintreten könnten. Verwenden Sie zur Einschätzung der Wahrscheinlichkeit eine Skala von 0 bis 10, wobei 10 die größtmögliche Wahrscheinlichkeit bedeuten soll. Nun besteht Ihre Aufgabe darin, den vor Ihnen liegenden Text umzugestalten. Schreiben Sie genau das Gegenteil dessen auf, was Sie befürchtet haben. Vergleichen Sie die beiden Texte miteinander und entscheiden Sie sich dafür, den positiven Text als richtungsweisend für Ihre Zukunft anzusehen.

Sprache als Helfer

Sprechen und Denken wirken ineinander. Auch jene Worte, die Sie nur denken und nicht laut aussprechen, haben eine große Wirkung auf Ihr inneres Erleben. Angst und Hilflosigkeitsgefühle treten oft in Zusammenhang mit unangemessenen sprachlichen Formulierungen auf. Folgendes Beispiel kann Ihnen die Bedeutsamkeit von Worten vergegenwärtigen. Denken Sie an das Verkehrsschild »STOP«. Es gebietet Ihrer Bewegung Einhalt. Sie sollen sich erst vergewissern, ob die Kreuzung frei ist, bevor Sie sie passieren. Vergleichbar wirken Worte und Sätze. Sie können verhindern, dass es zu Katastrophen kommt, und Ihnen so ein hilfreicher Wegweiser sein.

Der Prozess der Veränderung geschieht also nicht nur durch positiv umgestaltetes Denken, sondern auch durch eine andere Wortwahl. Der Sprachschatz, den Sie verwenden, kann im schlimmsten Falle bewirken, dass Sie sich einreden, unfähig, ängstlich, hilflos und weniger wert zu sein als andere. Wählen Sie Ihre Worte mit Bedacht, denn Ihr innerer Dialog beeinflusst nicht nur Sie selbst, sondern auch andere Menschen, die Ihnen zuhören. Ihr Sprachschatz prägt Ihre Gefühle, also auch die Wahrnehmung der als bedrohlich eingeschätzten Situation. Er entscheidet ganz wesentlich darüber, was Sie wie erleben und ob Sie aus Ihrer Hilflosigkeit zu aktivem Tätigsein finden. Jedes positive Wort und jeder positive Satz, den Sie zu sich selbst sagen, fördert Ihre Handlungsfähigkeit, während jede negative Aussage Ihre Angst- und Hilflosigkeitsgefühle intensiviert. Der Grund liegt ganz einfach darin, dass Sie unbewusst all die Aussagen und

Bewertungen über sich selbst – negative wie positive – als gegebene Tatsachen akzeptieren.

Es gibt Formulierungen, die Sie in Ihrer Fähigkeit zu handeln beeinträchtigen und bewirken, dass Sie wie gelähmt innehalten. Ihre Sprache bewusst zu beobachten und sich hinderliche Sätze bewusst zu machen, wird zukünftig Ihre Aufgabe sein. Es geht darum, einen anderen Sprachschatz zu entwickeln. Das Erlernen einer neuen Sprache ist nur durch Übung möglich. Wenn Sie nachfolgende Übungen so oft wie möglich im Alltag durchführen, wird sich Ihr inneres Selbstgespräch verändern. Der Erfolg hängt davon ab, wie entschlossen Sie das neue Vokabular einsetzen, sodass es im Laufe der Zeit zur Selbstverständlichkeit werden kann. Die nachfolgenden Übungen sollen Ihnen Anregungen geben, womöglich jahrelang praktizierte Sprachgewohnheiten zu verändern. Sie sollen Ihnen helfen, Alltagssituationen positiver und angenehmer wahrzunehmen. Auch Ihre Umwelt wird bald eine Veränderung an Ihnen bemerken und Sie werden positive Rückmeldungen erhalten. Sie lernen,

- Ihre Wortwahl bewusst zu beobachten,
- angstauslösende Worte abzubauen und einen Handlungssprachschatz aufzubauen,
- positive Sätze einzuüben und deren stimmungsaufhellende Wirkung zu erleben.

Einige der hier angegebenen Übungen sind auch als Papier- und Stiftübungen einsetzbar.

Der Entscheidungsdialog

Lernen Sie in Begriffen des Wollens und nicht des Müssens zu denken. Es gibt eigentlich gar kein »Muss«. Sie wählen lediglich unter einer Vielzahl möglicher Handlungen eine ganz spezifische Reaktions- und Verhaltensform aus. Sie entscheiden sich etwa, eine bedrohlich erlebte Situation auszuhalten oder sie zu vermeiden. Wenn Sie beispielsweise keine öffentlichen Verkehrsmittel mehr benutzen, weil Sie Angst haben, die Kontrolle über sich zu verlieren, falls die S-Bahn in einem Tunnel stecken bleibt, so liegt auch hier eine eigene Entscheidung zugrunde. In Ihrem bisher stark eingeengten Denken glaubten Sie stets, keine andere Wahl zu haben. In Wirklichkeit ist es jedoch ganz anders: In jedem Augenblick treffen Sie blitzschnell eine Entscheidung entweder für eine Handlungs- oder Vermeidungsform.

Streichen Sie »Ich muss« aus Ihrem Vokabular und ersetzen Sie es durch »Ich entscheide mich dazu« oder »Ich möchte lieber«. Was man tun »muss«, wird als belastend empfunden und macht lange nicht so viel Spaß wie etwas, für das Sie sich entschieden haben. Eine günstige Wortwahl erweitert Ihre Sichtweise und fördert eine realistische Situationswahrnehmung. Der Gedanke, sich entschieden zu haben, führt dazu, dass Sie sich immer seltener hilflos fühlen und eine Ich-Stärkung eintreten kann. Die Herausforderung besteht darin, sich auch sprachlich Freiheiten zu verschaffen. Wenn Sie zum Beispiel vor einer gewissen Situation Angst haben, bedeutet dies noch lange nicht, dass Sie sich auch in einer Woche oder in einem Monat dafür entscheiden werden, in einer vergleichbaren Situation weiterhin Angst zu erleben. Möglicherweise haben sich in einem Monat Veränderungen ergeben, die eine Neuentscheidung erforderlich machen.

Hier nun einige Beispiele, wie Sie Ihre persönliche Wortwahl verändern könnten. Die linke Aufstellung kann als Beispiel gelten für einen Dialog, der die Entstehung und Aufrechterhaltung von Ich-schwächenden Gefühlen und Gedanken (= negative Sprachform) fördert. Auf der rechten Seite finden Sie Beispiele für einen Dialog (= positive Sprachform), der zur Ausführung von Handlungen ermutigt und bewirkt, dass Sie sich zunehmend selbstsicher und kompetent fühlen werden.

NEGATIVE SPRACHFORM	POSITIVE SPRACHFORM
Ich kann nicht.	Ich möchte nicht.
Ich sollte.	Ich könnte.
Ich muss.	Ich entscheide mich.
Es ist ein Problem.	Es ist eine Entscheidungssituation.
Ich bin ein Versager.	Ich probiere es noch einmal.
Ich fühle mich hilflos.	Jetzt ist das so. Schon in einem Moment kann das ganz anders sein.
Wenn ich nur … getan hätte.	Das nächste Mal kann … tun.
Ich schaffe es nicht.	Ich könnte es ausprobieren.

Die Negativsprache (links) führt dazu, dass Sie sich als Opfer der Umstände fühlen. Im Gegensatz zur Negativsprache besteht die positive Handlungssprache aus Worten, die anzeigen, dass Sie trotz möglicher Fehlschläge neue Erfahrungen zulassen. Hören Sie sich zu, während Sie mit anderen sprechen. Überprüfen Sie Ihren Sprachschatz auf unzulässige Verallgemeinerungen. Hierunter fallen Worte wie »immer«, »nie«, »jeder«, »keiner«, »niemals«. Diese Wortwahl könnte dazu führen, dass Sie Situationen möglicherweise zu einseitig im Sinne eines Schwarz-Weiß-Denkens wahrnehmen.

Den inneren Dialog beobachten und beherrschen lernen heißt auch, Ihren Verstand als Beobachter einzusetzen. Achten Sie darauf, welche Worte Ihnen ein Gefühl des Unwohlseins vermitteln. Schreiben Sie diese Worte auf, um sie dann mithilfe der bereits erlernten Techniken zu verändern. Entwickeln Sie einen positiven Sprachschatz, den Sie im Alltag einüben. Der bewusste Einsatz positiver Worte erleichtert Ihnen den Umgang mit Situationen, in denen differenziertes Denken angebracht ist. Sobald Sie Angst verspüren, können Sie die positiven Worte ausprobieren und beobachten, wie womöglich schon durch eine andere Wortwahl die Angst schneller vorübergeht. Sie brauchen nicht einmal ganze Sätze zu bilden. Es reicht völlig, sich die angenehmen Worte immer wieder vorzusagen. Probieren Sie verschiedene Worte und Sätze aus. Experimentieren Sie etwa mit Wörtern wie »Vertrauen«, »Kraft«, »Stärke«, »Entspannung« und beobachten Sie, welches dieser Wörter tröstlich und beruhigend auf Sie wirkt. Es könnte auch hilfreich sein, sich dieses Wort dann wie auf einer Tafel geschrieben vorzustellen. Schreiben Sie es geistig in der Farbe und in der Schrift Ihrer Wahl auf die innere Tafel und konzentrieren Sie sich dabei auf die Schrift und die Farbe des Schriftzuges.

NÜTZLICHE ANREGUNGEN

> Überlegen Sie sich für jeden negativen Begriff eine positive Umformulierung. Achten Sie besonders darauf, die Formulierung »Ich muss« immer seltener zu verwenden. Tauschen Sie sie aus gegen »Ich entscheide mich für« oder »Ich möchte lieber«.

> Achten Sie auf Formulierungen, die Menschen nutzen, die Sie als relativ angstfrei erleben. Wie sprechen diese Personen über sich und was äußern sie im Hinblick auf die Bewältigung schwieriger Situationen?

> Schließen Sie die Augen und stellen Sie sich eine große Tafel vor, auf der die Worte »Ich kann« geschrieben stehen. Desgleichen die Worte »Ich entscheide mich«.
> Rufen Sie Freunde an oder treffen Sie sich mit jemandem und achten Sie ganz bewusst auf Ihre eigene Wortwahl wie auch auf die Ihres Gegenübers. Gebrauchen Sie ganz ausdrücklich die Formulierungen »Ich kann«, »Ich möchte gerne«, »Ich entscheide mich in der Situation … für« und achten Sie darauf, wie sich das für Sie anfühlt.

Die Verlangsamung des Sprechens

Unterbrechen Sie den schnellen Fluss Ihrer Gedankengänge! Deren bewusste Verlangsamung führt in Krisensituationen zu einer Beruhigung des gesamten Organismus. Wiederholen Sie bei jedem positiven Satz, den Sie denken, innerlich noch einmal langsam die letzten drei Worte. Durch diese Art der Konzentration können Sie verhindern, dass Ihre Gedankenmaschine »davonrast«. Auch in Kontakt mit anderen Menschen, bei denen Sie befürchten, sich etwa aus Angst zu verhaspeln, können Sie diese Technik anwenden.

Erzählen Sie sich eine Geschichte

Diese Übung können Sie allein zu Hause oder auch im Auto durchführen. Erzählen Sie sich selbst eine Geschichte. Erzählen Sie von angenehmen und schönen Erlebnissen, an die Sie sich erinnern, oder auch von all dem Positiven, das Sie im Leben erreicht haben und auf das Sie stolz sind. Stellen Sie sich dabei vor, dass Ihnen eine vertraute Person aufmerksam zuhört. Achten Sie darauf, dass in Ihrer Erzählung keine ängstigenden Elemente auftauchen. Wiederholen Sie beim Auftreten negativer Erinnerungen Ihre positiven Sätze mit Nachdruck, bis Sie wieder in den positiven Erzählstil zurückfinden. Zu Beginn mag Ihnen vielleicht nur wenig einfallen. Trainieren Sie sich und führen Sie diese Übung mehrmals durch. Steigern Sie sich von anfänglich wenigen Sätzen hin zu einer kleinen Geschichte. Sie können diese Übung auch vor dem Einschlafen durchführen, um positive Begebenheiten des Tages noch einmal zu erinnern und damit zu bekräftigen. Werden Sie zu einem Meister in positiver Erzählkunst. In abgewandelter Form können Sie sich auch schöne Postkarten von Gemälden oder Landschaften auswählen und diese ganz genau ansehen. Beschreiben Sie, was Sie sehen! Gerade in Situationen, in denen Sie das Ansteigen der Angst bemerken, kann diese Übung besonders hilfreich sein. Sie lenken sich von der Angst ab und wenden sich neuen Gedankeninhalten zu.

Die Spiegelübung

Nehmen Sie einen Spiegel, in dem Sie Ihr Gesicht betrachten können, zur Hand. Stellen Sie ihn vor sich auf und sehen Sie hinein. Schauen Sie sich selbst in die Augen. Sprechen Sie sich mit Namen an und sagen Sie zu sich selbst: »Ich, (Andrea), entscheide mich dazu, handlungsfähig zu sein«, »Ich, (Name), entscheide mich, das Gefühl (…) zuzulassen.« Finden Sie weitere Sätze dieser Art und fügen Sie Ihre eigenen Gedanken ein. Beginnen Sie jeden Satz nach obigem Muster mit: »Ich, (Vorname), entscheide mich …« Diese Übung mag Ihnen womöglich schwierig erscheinen, weil Sie nicht daran gewöhnt sind, sich für längere Zeit in die Augen zu sehen. Bedenken Sie, dass der Spiegel stets nur den Gesichtsausdruck wiedergibt, den Sie gerade zeigen. Er ist ein unmittelbares Abbild Ihrer gegenwärtigen Wirklichkeit. Wenn Ihnen diese missfällt, können Sie sich jederzeit dazu entscheiden, freundlich und selbstbewusst in den Spiegel zu blicken.

NÜTZLICHE ANREGUNGEN

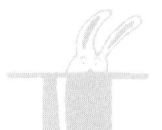

> Sagen Sie sich etwas Positives und Schmeichelhaftes, während Sie in den Spiegel sehen.

> Lächeln Sie! Sie sind eine mutige Person, die etwas Neues ausprobiert.

> Stellen Sie sich einen Wecker. Sehen Sie in den Spiegel und fragen Sie sich mindestens zehn Minuten lang laut: »Wer bin ich?« Geben Sie sich selbst auch laut die Antwort. Schreiben Sie danach Ihre Erfahrungen in Ihr Handlungstagebuch. Achten Sie darauf, dass Ihnen überwiegend positive Bemerkungen einfallen.

Selbsthilfesätze (Affirmationen)

Die Arbeit mit Sätzen (= Affirmationstechnik) ist eine ergiebige Methode, Einstellungen und Erwartungen innerhalb kurzer Zeit zu verändern. Jahrelang eingeschliffene Denkangewohnheiten können durch Affirmationen bewusst umstrukturiert werden. Das Ziel dabei ist die dauerhafte Veränderung von Verhalten. Denken und Fühlen stehen in einem Zusammenhang. Die Veränderung Ihrer Gedanken durch Affirmationen bewirkt, dass sich nach einer Weile auch Ihre Gefühle verändern. Affirmationen sind alle Aussagen positiver Art (selbstbejahende Sätze), die wir uns wieder und wieder sagen, um negative Gedanken zu verändern. Einige Beispiele sollen Ihnen den möglichen Inhalt von Affirmationen verdeutlichen:

- Ich fühle mich Tag für Tag mutiger.
- Ich kann es mir erlauben, mich jeden Tag besser zu fühlen.
- Es ist gut für mich, zu vertrauen.
- Alles, was passiert, hat seinen Sinn.
- Ich öffne mich für meine Selbstheilungskräfte.
- Ich kann in jeder Situation handeln.
- Ich akzeptiere all meine Gefühle.
- Ich setze mich für das ein, was ich haben möchte.

Die Wirksamkeit von Affirmationen ist nur gewährleistet, wenn sie richtig eingesetzt werden. Affirmationen sollen

- immer in der Gegenwart formuliert und so gestaltet werden, als sei das gewünschte Ergebnis schon eingetreten (wie zum Beispiel: »Ich atme ruhig und gleichmäßig«);
- in kurzen und einfachen Sätzen gehalten sein;
- eine klare Aussage beinhalten;
- positiv formuliert sein (anstatt »Ich habe keine Angst mehr vor dem Autofahren« sagen Sie: »Ich bin beim Autofahren ruhig und sicher«);
- mehrmals täglich gelesen und/oder laut ausgesprochen werden.

Selbsthilfesätze funktionieren auch in realen Angstsituationen. Setzen Sie sie immer dann ein, wenn Sie nicht wissen, wie Sie sich verhalten sollen, oder wenn Ihnen im Moment keine andere Übung einfällt. Anstatt Angstgefühle zu vermeiden, nutzen Sie Alternativen. Angstgefühle benötigen Zeit, um wieder abzuflauen. Ihre Affirmationen helfen Ihnen, den Angstanfall auszuhalten und das Schwinden der Angst abzuwarten. Sie erleichtern es Ihnen, in der angstbesetzten Situation auszuharren. Eine hilfreiche Affirmation ist dabei etwa: »Angst kommt und geht vorbei.« Die wiederholte Anwendung von Selbsthilfesätzen führt dazu, dass diese »in Fleisch und Blut« übergehen. Wenn Ihnen Ihre Affirmationen auch untertags immer wieder einfallen, ist dies ein gutes Zeichen. Es bedeutet, dass der gewählte Satz zu wirken beginnt. Der Übungsplatz, an dem Sie die Umwandlung Ihres Denkens erproben, ist stets der Alltag! Immer dann, wenn Sie Zeit dazu haben, sollten Sie sich Ihre jeweilige Affirmation laut vor sich hin sagen. Stellen Sie sich beim Sprechen (oder Denken) vor, jedes Wort buchstäblich zu »kauen« und es sich »einzuverleiben«. Es ist Ihr Schlüsselsatz, der Ihr Leben positiv verändern kann!

Hier nun verschiedene kleine Übungen, die Ihnen den Umgang mit Affirmationen erleichtern können.

Die Tapetentechnik

Die von Ihnen erarbeiteten Selbsthilfesätze können Sie auf Karteikärtchen schreiben, die Sie dann untertags mit sich nehmen oder an einem geeigneten Platz in Ihrer Wohnung deponieren. Formulieren Sie einfach die Sätze, die Sie stärken könnten. Probieren Sie unterschiedliche Formulierungen und wählen Sie dann eine aus, mit der Sie sich wohlfühlen. Lesen Sie diese Sätze so häufig wie möglich durch. Hängen Sie die Ihnen wichtigsten Sätze auch an Orte, die Sie mehrmals täglich aufsuchen (zum Beispiel über das Waschbecken, den Kühlschrank, neben den Herd oder die Kaffeemaschine oder irgendwo gut sichtbar an die Tapete). Sie werden dann mehrmals täglich an das erinnert, was Sie lernen möchten. Vielleicht möchten Sie die hilfreichen Sätze auch in Ihrem iPhone oder iPod einlesen, damit Sie diese auch unterwegs lesen können.

Der heimliche Taschenberater

Sie können Ihre Kärtchen (Ihr iPhone) auch in Krisensituationen stets aus der Tasche ziehen und so oft durchlesen, bis Sie sich wieder beruhigt haben. Sie können die Affirmationen auch aufnehmen und sich anhören. Dies hat einen weiteren Vorteil: Sie hören die Affirmation und lenken sich dadurch von Ihrem Angstgeschehen und Ihren Katastrophengedanken ab. Folgende Tipps könnten für Sie hilfreich sein, um den Angstkreislauf zu unterbrechen. Sie können Ihre Affirmationen

- auswendig lernen,
- im Auto oder vor dem Spiegel laut vor sich hin sagen,
- auf eine Kaffeetasse oder ein T-Shirt drucken lassen.

Die Kopfkissenübung

Sie können Ihre Affirmationskärtchen auch vor dem Einschlafen unter das Kopfkissen legen. Dies ist ein symbolischer Trick, der sich sehr heilsam auf Ihr Unterbewusstsein auswirken kann, da Sie sich vor dem Eintauchen in die unterbewusste Traumwelt an den für Sie bedeutsamen Satz erinnern und ihn so gewissermaßen mit in den Schlaf nehmen. Wählen Sie einen Satz aus, mit dem Sie sich wohlfühlen. Verspannen Sie sich beim Lesen des Satzes innerlich oder fühlen Sie sich unwohl, so sollten Sie diesen Satz besser nicht unter Ihr Kopfkissen legen. Finden Sie dann einen anderen Satz, der sich besser anfühlt!

Die Stimmübung

Sprechen Sie Ihre Affirmationen gelegentlich laut vor sich hin, wie zum Beispiel bei der Hausarbeit. Auch ein Vor-sich-hin-Singen gewährleistet, dass sich die jeweiligen Affirmationen einprägen werden. Sie können auch jemanden, der es gut mit Ihnen meint, bitten, Ihnen die jeweilige Affirmation in Du-Form leise ins Ohr zu flüstern.

Die Affirmationsarbeit mit dem inneren Zweifler

Die Arbeit mit Affirmationen lässt bisweilen das Negative umso deutlicher zutage treten. Beschwichtigen Sie dann Ihre negativen Stimmen damit, dass Sie den unangenehmen Gedanken zulassen, sich jedoch trotzdem nicht entmutigen lassen, die vorgegebene Affirmationstechnik weiterhin einzusetzen.

Probieren Sie Folgendes: Schreiben Sie die Argumente Ihres Zweiflers auf die Rückseite einer mit einer positiven Affirmation versehenen Karteikarte.

Affirmation: »Ich lerne Risiken einzugehen.«

Zweifler: »Ja, vielleicht für kurze Zeit. Aber morgen? Wahrscheinlich bekommst du dann wieder einen deiner Angstanfälle und wirst dir wie immer nicht zu helfen wissen.«

Affirmation: »Ich lerne Risiken einzugehen.«

Zweifler: »Du glaubst dir doch selbst nicht, du bist viel zu mutlos, um Risiken einzugehen.« Usw.

Drehen Sie Ihr Kärtchen öfter um und wiederholen Sie immer wieder die positive Affirmation, bis Ihrem Zweifler allmählich die Argumente ausgehen. Beschäftigen Sie sich ernsthaft mit den Einwänden Ihres Zweiflers. Finden Sie Gegenargumente. Falls die positiven Formulierungen bei Ihnen ausschließlich Widerstand auslösen, so arbeiten Sie zuerst die Übungen aus dem Themenbereich der Papier- und Stiftübungen durch.

Die Riesenbuchstabentechnik

Schreiben Sie Ihre Affirmation in riesigen Buchstaben auf ein plakatgroßes Papier. Hängen Sie dieses Plakat wie eine Tafel für mehrere Tage in Ihrer Wohnung/in Ihrem Haus auf. Der Befürchtung, dass Gäste oder Ihr Partner diese Affirmation entdecken, können Sie entgegenwirken, indem Sie nur den ersten Buchstaben des jeweiligen Wortes auf dem Papier anschreiben und sich innerlich immer dann, wenn Ihr Blick auf das Poster fällt, die restlichen Buchstaben hinzudenken. Aus der Gedächtnisforschung ist bekannt, dass Fehlendes besser erinnert wird als Vollständiges. Diese Übung kann Ihr Denken durch ein äußerlich sichtbares Symbol (Papier mit Buchstaben an der Wand) allmählich umformen. Ihre Bereitschaft, positive Annahmen in Ihren Lebensalltag zu integrieren, wird wachsen.

Die Abschreibübung

Ein geschriebener Satz beeinflusst das Denken mehr als ein nur gedachter. Mehrmaliges Abschreiben einer Affirmation ist deshalb besonders hilfreich. Schreiben Sie die Worte jedoch nicht automatisch ab, sondern denken Sie beim Schreiben auch über ihren Sinn nach. Setzen Sie auch die verschiedenen Personalpronomen ein, um den gewählten Selbsthilfesatz abzuschreiben. Setzen Sie bei dieser Übung Ihren Vornamen mit ein und verfahren Sie nach folgendem Muster:

Ich, Anja, entscheide mich zu handeln.

Du, Anja, entscheidest dich zu handeln.

Sie, Anja, entscheidet sich zu handeln.

Die Vis-à-vis-Übung

Setzen Sie sich vor einen Spiegel und sprechen Sie Ihre Affirmationen laut aus. Sehen Sie sich dabei in die Augen. Wiederholen Sie Ihre Affirmation, bis Ihr Gesichtsausdruck dazu passt: Die Affirmation »Ich bin ganz okay, so wie ich bin« zum Beispiel sollte von einem freundlichen Gesicht begleitet sein.

Empfehlung: Arbeiten Sie nicht mit zu vielen Affirmationen gleichzeitig, weil sonst ein Übersättigungs- oder Überforderungseffekt eintritt. Wechseln Sie die Sätze nur dann, wenn Sie glauben, die darin enthaltene Botschaft auch wirklich verinnerlicht zu haben. Natürlich auch dann, wenn Ihnen eine bessere, hilfreichere Formulierung einfällt. Beispiele für angstverändernde Affirmationen:

- ☐ Angst kommt und geht vorbei.
- ☐ Ich kann trotz meiner Angst handeln.
- ☐ Ich habe einen mutigen Teil in mir.
- ☐ Ich atme ruhig und gleichmäßig.
- ☐ Störende Gedanken sind ganz gleichgültig.
- ☐ Angenehme Bilder begleiten mich durch den Tag.
- ☐ Hier und jetzt ist alles gut.
- ☐ Ich verbinde mich mit meinen starken Wurzeln.

Bejahungsstrategien

Bejahung der Gefühle von Angst und Hilflosigkeit

In vielen Situationen, die für uns belastend sind, empfinden wir intensive Gefühle. Sie erscheinen in allen möglichen Formen und Schattierungen. Manche Ereignisse erzeugen ein Gefühl des Wohlbehagens, während andere in die tiefsten »Schatten« hineinführen.

Angst und Hilflosigkeit sind nur Varianten einer Vielzahl möglicher Gefühle. In diesem Kapitel werden Sie angeleitet, Ihre Angst zu bejahen und in Ihr Leben zu integrieren. Die von Ihnen als »negativ« bewerteten Gefühle gehören ebenso zu Ihrem inneren Reichtum wie die positiven und freudvollen Gefühle. Es geht darum, das Negative als Teil Ihres Gefühlskreislaufes anzunehmen, der in ständiger Bewegung ist. Ihre Gefühle sind wie ein Pendel, das je nach Situation hin- und herschwingt. Der Versuch, vor Ihren negativen Gefühlen davonzulaufen, ist genauso wenig möglich, als wenn Sie versuchten, Ihren Herzschlag abzustellen. Gefühle wechseln einander in rascher Folge ab, und aus manchem traurigen Morgen wurde noch ein angenehmer Tag. Sie können sich dafür entscheiden, Ihre Angstgefühle als unterstützende und hilfreiche Begleiter zu betrachten. In ängstlicher und hilfloser Stimmung strebt alles in Ihnen danach, schnellstmöglich eine brauchbare Lösung zu finden. Ähnlich wie Zahnschmerzen auf einen Zahnschaden aufmerksam machen und dies schließlich zu einem Aufsuchen des Zahnarztes führt, wollen intensive Gefühle Sie dazu bringen, sich mit Ihrer gegenwärtigen Lebenssituation auseinanderzusetzen und aktive Schritte zu Ihrer Veränderung einzuleiten. Ihre Angst zeigt Ihnen, dass Sie gewisse Aspekte in Ihrem Leben noch nicht bewältigen können. In welchen Situationen fehlt Ihnen der Mut, etwas zu wagen, und Sie trauen sich noch nicht, neue Wege zu beschreiten? Wer hat Sie so enttäuscht? In welchen Lebensbereichen fehlt Ihnen das Vertrauen in Ihre persönliche Kraft und Handlungsfähigkeit?

Bisher haben Sie unangenehme Gefühle meist abzuschütteln versucht. Möglicherweise dachten Sie, eine Beschäftigung mit Ihren negativen Gefühlen könne dazu führen, von diesen überflutet und beherrscht zu werden und die Kontrolle über sich zu verlieren. Das Nicht-wahrhaben-Wollen belastender Emotionen kann genau das Gegenteil bewirken und dazu führen, dass sich diese Gefühle verstärken und eine übermächtige Rolle zu spielen beginnen. Sie kennen hierfür bestimmt genug Beispiele aus Ihrem Leben. So haben Sie sicher schon einmal festgestellt, dass unterdrückter Ärger innerlich weiterwirkte und Ihnen tagelang nachging. Möglicherweise haben Sie die Verärgerung so gut unterdrückt, dass Sie sich für einige Tage niedergeschlagen und hilflos fühlten. In der Selbstbehandlung Ihrer Angstgefühle erleben Sie eine paradoxe Situation: Gefühle, die Sie ablehnen, werden womöglich noch intensiver auftreten und sich verschlimmern. Unterdrückte Gefühle, mit denen Sie sich nicht bewusst und aktiv auseinandersetzen, führen zu Hilflosigkeit, Ohnmacht und Angst. Verneinung bewirkt, dass Sie sich als Opfer der gegebenen Situation erleben und sich beschuldigen: »Wie konnte mir das nur passieren?« – »Warum war ich nicht vorsichtiger«? Solche Formulierungen sind destruktiv. Sie führen nicht zu Lösungen, sondern verstärken die Anspannung, den Druck und die Tendenz, Situationen zu vermeiden. Vermeidung führt zu Unzufriedenheit und Stagnation.

Befreien Sie sich aus Ihrem Gefängnis der zerstörerischen Selbstkritik. Auch Ihre »negativen« Gefühle sind ein Teil von Ihnen und Ihrem Selbst zugehörig. Wenn Sie auch diese Gefühle liebevoll annehmen, wird innere Ruhe entstehen können. Wandel geschieht ohne zwanghafte Willensanstrengung. Jeder Tag kann zu einem neuen Erlebnis werden! Viele Menschen verhalten sich so, als hätten sie einen automatischen Nein-Reflex eingebaut. Lernen Sie aus den Negativbeispielen. Machen Sie es anders!

NÜTZLICHE ANREGUNGEN

> Beobachten Sie, wie häufig Sie im Verlaufe eines Tages Ihre Gefühle verneinen.

> Überlegen Sie, welche Meinung Sie von sich haben, was Sie über Ihre Lebensumstände, Ihr Aussehen, Ihre Stärken und Schwächen, Ihre Erfolge und Misserfolge denken. Welche Verhaltensweisen, welche Gefühle lehnen Sie an sich ab? Fühlen Sie sich manchmal schuldig, nichtsnutzig oder unwert? Womöglich, weil Sie Angstgefühle haben?

> Ertappen Sie sich bei Ihren Gefühlsverneinungen und achten Sie genau auf die Konsequenzen solcher Selbst-Ablehnung. Denken Sie daran: Sie haben die Wahl! Sie können Ihre Empfindungen verneinen oder bejahen.

Der Zauberstab: Die Bejahungsstrategie

Die Bejahungsstrategie ist Ihr Zauberstab! Die grundsätzliche Bejahung sämtlicher Gefühle ist die einzige Chance, die täglichen Enttäuschungen und Frustrationen zu bewältigen. Angst- und Hilflosigkeitsgefühle sind nicht nur heute ein Teil Ihres Lebens. Sie werden es auch in Zukunft sein. Das sich drehende Rad der

Gefühle kehrt immer wieder zu Ihnen zurück. Sie können unangenehmen Gefühlen nicht entrinnen. Die Bejahung bewirkt, dass aktiv neue Wege eingeleitet werden können, da für die geplanten Handlungen mehr Kraft zur Verfügung steht. Gegen den Strom zu schwimmen (Verneinung) ist stets anstrengender, als in Stromrichtung mitzufließen (Bejahung). Ja sagen soll allerdings nicht bedeuten, sich kritiklos an das Gegebene zu halten und nichts mehr verändern zu wollen. Im Gegenteil: Bejahung führt zu positivem Handeln. Je lebendiger Sie Ihr Leben gestalten, desto mehr werden Sie auch schmerzhafte Erfahrungen machen und Fehlschläge erleiden. Nehmen Sie diese als Teil eines reifen und erfüllten Lebens an. Durch den praktischen Einsatz der Bejahungsstrategie lernen Sie,

◻ unangebrachte Widerstände gegen sich und das äußere Geschehen aufzugeben und Gegebenheiten so anzunehmen, wie sie sind,
◻ Situationen, Geschehnisse und die damit verbundenen Gefühle in ihrem steten Wandel zu bejahen.

Von der Verneinungs- zur Bejahungspersönlichkeit

Jasagen erfordert Ihre ganze Achtsamkeit! Bewusste Beobachtung wird Ihnen zeigen, wie oft Sie Ihr Fühlen und Erleben ablehnen, anstatt es als zu Ihnen gehörig anzunehmen. Die Bejahungstechnik führt dazu, dass sich Ihre Angst- und Panikgefühle kontinuierlich verringern werden. Haben Sie Geduld! Es wird wohl einige Zeit dauern, bis Sie die Bejahungsstrategie wirklich verinnerlicht haben. Sie müssen sich im Alltagsleben davon überzeugen, dass diese hilfreicher als die Verneinungsstrategie ist. Im konsequenten Einsatz von Bejahungsübungen tauchen womöglich völlig unbekannte Ängste auf. Besonders dann, wenn Sie »negative Gefühle« bislang eher weggeschoben haben. Ihre Ängste treten aus dem inneren Schattenbereich. Gefühle, die bisher unbewusst wirksam waren, kommen nun an die Oberfläche und eröffnen die Möglichkeit, sich mit Ihnen auseinanderzusetzen, neue Wege auszuprobieren und die auftretende Hilflosigkeit in Handlung umzuwandeln.

Führen Sie nun die folgenden Bejahungsübungen durch.

Die Nickübung

Nicken Sie so oft wie möglich mit dem Kopf – aber bitte langsam und mit Bedacht – und sagen Sie sich innerlich das Wort »Ja« vor. Schließen Sie Ihre Augen und stellen Sie sich das Wort »Ja« in leuchtenden Buchstaben auf einer Tafel geschrieben vor.

Die Ich-mag-mich-Übung

Sagen Sie sich die Affirmation: »Ja, ich mag mich, auch wenn ich ängstlich bin.« Beobachten Sie, welche Gedanken und Reaktionen dieser Satz bei Ihnen auslöst. Fühlen, benennen und bejahen Sie das auftretende Gefühl, wobei auch mehrere, sich schnell abwechselnde Gefühle auftreten können. Womöglich fällt Ihnen gerade bei diesem Satz vieles ein, was Sie an sich nicht mögen. Lernen Sie, auch die abgelehnten Teile Ihrer selbst zu akzeptieren. Schreiben Sie in Ihrem Handlungstagebuch Ihre negativen Selbstannahmen auf und formulieren Sie diese Sätze dergestalt um, dass Sie sich sagen: »Ich mag mich, obwohl ...« Sie schaffen hiermit die Bereitschaft, alle Ihnen zugehörigen Persönlichkeitsanteile liebevoll anzunehmen.

Die Befreiungsübung

Wählen Sie sich Ihr Gefühl! Die einzige Freiheit, die Sie tatsächlich haben, liegt darin, sich das jeweilig vorhandene Gefühl gerade in dem Moment, in dem Sie es empfinden, zu wählen. Das Gefühl beherrscht Sie nicht, sondern Sie »haben« es und können es daher auch verändern.

Die Geschwisterübung

Halten Sie bei Situationen, in denen Sie Angstgefühle wahrnehmen, einen Moment inne und fragen Sie sich, wovor Sie eigentlich Angst haben. Was ist es ganz konkret, das Sie bräuchten, um die Situation zu meistern? Unterhalten Sie sich mit Ihrer Angst wie mit einer Schwester oder mit einem Bruder. Bitten Sie Ihre Angst um Mitteilung, worin oder wodurch Sie sich überfordert haben. Wenn Sie genau hinhören, werden Sie von Ihrer Angst eine Antwort erhalten.

Die Gefühl-wandel-dich-Übung

Erlauben Sie sich ein ganz konkretes Gefühl, das Sie bisher als negativ beurteilt haben, wie zum Beispiel Ärger über einen Kollegen, Traurigkeit über durch die Angst entstandenen Einschränkungen. Sie werden bemerken, wie das Zulassen und Annehmen des Gefühls zu einem ganz anderen, neuen Gefühl führt. Wichtig ist, von Augenblick zu Augenblick auf das jeweils Gegenwärtige zu achten. Ihre Gefühle sind in steter Bewegung. Halten Sie diese Bewegung nicht unnötig durch Ablehnung auf, sondern geben Sie Ihrem Gefühl die Erlaubnis, so lange da zu sein, wie es vorhanden ist. Jasagen hilft!

Die Ja-Entscheidungsübung

Ändern Sie Ihre Formulierungen. Sagen Sie anstatt »Ich habe Angst«: »Ich entscheide mich, die Angst da sein zu lassen«. Diese einfache Umwandlung wird ein anderes Empfinden auslösen und den Bejahungsprozess erleichtern.

Der Ja-Tanz

Bewegen Sie sich zum Rhythmus eines schönen Musikstückes und stellen Sie sich vor, das Wort »Ja« innerlich wie eine leise Melodie zu hören, während Sie sich gleichzeitig tanzend zu der Musik bewegen. Erlauben Sie Ihrem Körper, voller Bewegung zu sein! Durch das Tanzen gewöhnen Sie sich an rhythmische Abläufe. Ihr Unterbewusstsein lernt dabei, das Auf und Ab des Alltags besser anzunehmen. Notieren Sie Ihre Erfahrungen in Ihrem Handlungstagebuch.

Verzeihen Sie sich Ihre Vergangenheit

Können Sie sich vorstellen, einen relativ harmlosen Beinbruch zu haben und vom Hausarzt lebenslanges Gehen an Krücken verordnet zu bekommen? Gewiss nicht! Auf psychologischer Ebene behandeln Sie sich jedoch in vergleichbarer Weise: Aufgrund des einen oder anderen Fehlschlages in der Vergangenheit gehen Sie ganz selbstverständlich davon aus, auch zukünftig zu scheitern. Ein misslungener Versuch, der in der Vergangenheit (gestern und noch weiter zurückliegend) stattfand, sollte nicht dazu führen, sich heute eine ungute Zukunft zu prophezeien. Selbstanklagen und Schuldgefühle bewirken nicht das, was Sie herbeiführen möchten, zum Beispiel ein ausgeglichenes und harmonisches Lebensgefühl. Auch führen diese Gefühle sicherlich nicht dazu, das nächste Mal in einer vergleichbaren Situation anders zu handeln. Eine Loslösung von der Vergangenheit geschieht nur, wenn Sie bereit sind, sich Misslungenes zu verzeihen. Sie haben seinerzeit bestimmt das Ihnen Bestmögliche getan. Rückblickend ist man immer schlauer!

NÜTZLICHE ANREGUNGEN

> Nehmen Sie sich eine Minute Zeit, über diesen Abschnitt nachzudenken.

> Schreiben Sie nachfolgenden Satz in großer Schrift auf die rechte Seite Ihres Handlungsbuchs: »Ich bejahe mich mit all meinen Fehlern und Unzulänglichkeiten.«

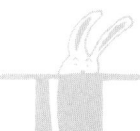

Die Symptomübertreibungs-Übung

Eine gute Möglichkeit, Ihre Angst bejahen zu lernen, ist die bewusste Übertreibung Ihrer Angstthemen und die Beobachtung der damit verbundenen Reaktionen. Die willentliche Übertreibung unangenehmer Zustände führt zu der Erfahrung, dass diese bei Weitem nicht so dramatisch verlaufen müssen, wie Sie üblicherweise befürchten. Durch die bewusste Übertreibung von Angstgedanken kann sich ein Gefühl der Befreiung und Heiterkeit einstellen. Beispiele:

◻ Angst vor dem Zittern der Hände
Übertreibung: Meine Hände zittern und jeder wird es bemerken.
Mögliche Handlung: Absichtliches Übertreiben und Verstärken des Zitterns.

□ Angst vor dem Erröten
Übertreibung: Ich werde so schnell wie möglich »knallrot« anlaufen.
Mögliche Handlung: Überprüfen Sie Ihre Gesichtsfarbe vor dem Spiegel.
□ Angst vor dem Hinfallen
Übertreibung: Ich falle sofort um und liege reglos am Boden.
Mögliche Handlung: Sich absichtlich auf weiche Kissen fallen lassen.

In diesem Zusammenhang eine weitere Übung:

Die Jammerübung
Legen Sie eine Uhr neben sich. Sie dürfen nun zehn Minuten lang laut jammern und über Ihre Ängste zu schimpfen beginnen. Sie werden erstaunt sein, wie wenig Ihnen vermutlich einfällt, wenn Sie absichtlich über Ihre Ängste und Unzufriedenheit lamentieren wollen.

Die Setz-die-Angst-auf-ein-Kissen-Übung

Legen Sie bei dieser Übung zwei Kissen auf den Fußboden. Setzen Sie sich auf das eine Kissen und laden Sie Ihr Gefühl von Angst ein, auf dem anderen Platz zu nehmen. Sagen Sie Ihrem Gefühl nun laut, was Sie ihm gegenüber empfinden. Es ist wichtig, dass Sie diese Übung ernst nehmen, denn sie kann tatsächlich zu einer Klärung und zu neuen Impulsen führen. Hören Sie sich selbst zu! Das laute Sprechen wirkt beruhigend. Sie beweisen sich damit auch, dass Sie sich achten und Ihren Gefühlen die notwendige Beachtung schenken. Sie können den Platz wechseln und Ihrer Angst eine Stimme verleihen, die laut Antwort gibt. Schreiben Sie nach Beendigung der Übung Ihre Erfahrungen in Ihr Handlungstagebuch.

Der Angststuhl

Diese Übung soll Ihren Angstgedanken einen besonderen Platz einräumen. Suchen Sie sich in Ihrer Wohnung irgendeine Stelle. Diese Ecke wird fortan Ihre »Angstecke« sein. Stellen Sie einen Stuhl auf oder legen Sie ein Kissen dorthin. Wann immer Sie sich auf den »Angststuhl« bzw. den »Angstplatz« setzen, sollen Sie – auch wenn sich körperliche Symptome einstellen – all jene Angstgedanken denken, fühlen und wahrnehmen, die für Sie im Allgemeinen belastend sind. Stellen Sie sich bitte einen Wecker und begrenzen Sie die Übung auf etwa fünf Minuten. Wenn der Wecker läutet, sollten Sie sofort aufstehen und sich mit etwas anderem beschäftigen. Wenn es Ihnen nach dem Läuten des Weckers nicht gelingt, die aufsteigenden Angstgedanken auf dem Stuhl zurückzulassen, so sagen Sie sich ein lautes »Stopp« und wenden sich anderen Dingen zu. Die Angststuhl-Übung soll Sie dazu anleiten, sich mit Ihrer Angst in einem von Ihnen definierten Umfeld zu konfrontieren und nach Ablauf der vorgegebenen Zeit wieder handlungsfähig zu sein. Das starre und unangenehme Verharren in Angstgefühlen kann hierdurch aufgelöst werden.

EINSICHT

Bejahung bedeutet, das Hier und Jetzt zu akzeptieren: Sie fühlen, was Sie fühlen!

NÜTZLICHE ANREGUNGEN

> Das Zulassen von Angst- und Hilflosigkeitsgefühlen bewirkt Veränderung: Sie nehmen Ihre Angst an, dadurch wandelt sie sich!

> Vertrauen entsteht durch die Auseinandersetzung mit unangenehmen Gefühlen und die Erkenntnis, dass diese zu bewältigen sind: Sie stellen sich Ihrer Angst. Sie wissen, dass Sie die Kraft dazu haben!

Das innere Kind als Helfer

In jedem von uns lebt ein »inneres Kind«. Obwohl Ihre Kindheit mit dem Älterwerden in die Ferne gerückt ist, erleben Sie Situationen, in denen Sie sich hilflos, ängstlich und traurig wie ein drei- oder vierjähriges Kind zu fühlen beginnen. In solchen Situationen haben Sie nur wenig Zugang zu den Qualitäten eines Erwachsenen, wie zum Beispiel logischem Denken und Einsatz angemessener Problemlösefähigkeiten. Lernen Sie, dem ängstlich und hilflos reagierenden kindlichen Teil in Ihnen Sicherheit zu geben.

Mit den folgenden Übungen können Sie sich von unverarbeiteten Kindheitserlebnissen befreien, die sich bis heute traumatisch auswirken. Die Kontaktaufnahme mit Ihrem inneren Kind bedeutet, dessen Gefühle nicht mehr wegzudrängen oder zu übergehen. Sie werden überrascht sein, wie gefühlsintensiv einige dieser Übungen sein können.

Das innere Kind beruhigen

Die Fotoübung
Legen Sie ein Kindheitsfoto, auf dem Sie nicht so fröhlich, sondern eher ängstlich aussehen, vor sich hin. Beginnen Sie nun laut auf tröstende Art und Weise mit Ihrem inneren Kind zu sprechen. Erzählen Sie ihm, dass Sie ihm beistehen und in allen Situationen und Lebenslagen Hilfe gewähren werden, damit es seine

Ängste überwinden kann. Nehmen Sie die Rolle eines liebevollen und verständnisvollen Elternteils an, der sich für das Kind verantwortlich erklärt und ihm geben kann, was es am nötigsten braucht, nämlich Akzeptanz, Trost und Beistand. Diese Übung sollten Sie durchführen, unmittelbar nachdem Angst- und Panikgefühle in einer spezifischen Situation aufgetreten sind. Probieren Sie es einfach einmal aus. Sprechen Sie mit Ihrem Foto, und Sie werden überrascht sein, wie schnell Sie sich beruhigen.

Die Heil-die-Kindheit-Übung

Schließen Sie die Augen und entwickeln Sie eine bildhafte Vorstellung von sich selbst, wie Sie damals als Kind waren. Bringen Sie die Szene der Vergangenheit in die Gegenwart, so als würde Ihnen Ihr inneres Kind jetzt gegenüberstehen. Welche Kleidung trägt es? Wo befindet es sich? Wie ist sein Gesichtsausdruck? Was tut oder spielt es? Lassen Sie die Vorstellung Ihres inneren Kindes deutlicher werden und vertiefen Sie sich in die auftretenden Bilder. Öffnen Sie dann wieder die Augen und schreiben Sie die auftauchenden Eindrücke in Ihr Handlungstagebuch. Nehmen Sie nun ein Kindheitsfoto, das Ihnen nicht so gut gefällt, und schauen Sie Ihrem inneren Kind in die Augen. Stellen Sie sich vor, welche Gefühle Ihr inneres Kind in diesem Moment wohl gehabt haben mag. »Beseelen« Sie das Foto, lassen Sie Ihr inneres Kind lebendig werden! Fragen Sie es, welches Geschenk es von Ihnen haben möchte. Nehmen Sie den ersten Einfall, der auftaucht, an. Versprechen Sie Ihrem Kind, es fortan zu begleiten und darauf zu achten, dass gut für Ihr inneres Kind gesorgt ist.

Probieren Sie Folgendes aus:

▫ Bieten Sie Ihrem inneren Kind an, dass es in Ihrem Herzen Platz nehmen und sich dort ausruhen darf.

- Streicheln Sie Ihr inneres Kind in Gedanken.
- Erinnern Sie sich an Ihr Lieblingskinderspiel und entdecken Sie dabei Ihr fröhliches, ausgelassenes und verspieltes inneres Kind.
- Schreiben Sie einen Brief an Ihr inneres Kind. Sprechen Sie es liebevoll an, sagen Sie ihm nette Dinge.

Die liebevolle Elternteiltechnik

Stellen Sie sich nun vor, dass Sie zur liebevollen, gütigen, verständnisvollen, gewährenden und toleranten Mutter (zum Vater) Ihres inneren Kindes werden. Verwöhnen Sie Ihr inneres Kind mit Sätzen. Zum Beispiel:

- Du bist ganz in Ordnung, so wie du bist.
- Ich kann dich lieb haben.
- Du darfst auch Fehler machen.
- Ich bin bei dir und begleite dich überallhin.
- Wenn du etwas nicht kannst, so helfe ich dir.
- Ich habe Geduld mit dir.
- Ich höre dir immer ganz genau zu und achte auf deine Gefühle.

Holen Sie sich in Gedanken Ihr inneres Kind. Wie alt ist es? In welcher Umgebung und in welcher Situation erscheint es in Ihrer Vorstellung? Setzen Sie sich zu Ihrem Kind und sagen Sie ihm nette Worte. Dadurch kann Ihr inneres Kind erkennen, dass es einzigartig und liebenswert ist und – ganz egal, wie Ihre Eltern Sie als Kind behandelt haben – die Vergangenheit jetzt vorbei ist und die Ängste, die es früher erlebt hat, heute bewältigt werden können. Beachten Sie, dass sich bei der Wiederholung dieser Übung das Alter und das Aussehen Ihres inneres Kindes verändern kann. Sprechen Sie auch in schwierigen Alltagssituationen mit Ihrem inneren Kind und ermutigen Sie es, Vertrauen zu fassen und neue Dinge zu wagen.

Der Dialog mit dem inneren Kind

Welchen Kosenamen hatten Sie als Kind? Mochten Sie ihn? Falls ja, verwenden Sie ihn bitte für die nachfolgende Übung. Sollte Ihnen der Name, mit dem Sie früher gerufen wurden, in unliebsamer Erinnerung sein, suchen Sie sich selbst einen neuen Namen aus, mit dem Sie Ihr inneres Kind rufen möchten. Stellen Sie Ihrem inneren Kind eine Frage und lassen Sie es spontan antworten. Beispiel:

Sie: Wie geht es dir heute, Sabinchen?

Sabinchen: Ich habe Angst.

Sie: Kann ich dir helfen?

Sabinchen: Ich weiß nicht.

Sie: Ich nehme dich jetzt an der Hand und dann kannst du mir alles erzählen, was dich bedrückt.

Sabinchen: Ich habe Angst, meine Prüfung nicht zu schaffen.

Sie: Ich helfe dir, ich bin bei dir und beschütze dich. Du hast genug gelernt, mach dir keine Sorgen, irgendwie wird es schon gehen.

Sabinchen: Ich habe aber trotzdem Angst.

Sie: Ich nehme dich gedanklich auf den Arm und du probierst es einfach einmal. Wir schaffen das schon.

Sie sprechen sich Mut zu und beruhigen durch diese Vorgehensweise jenen Teil in Ihnen, der Angst hat. Folgen Sie Ihren spontanen Einfällen. So wird es viel leichter, schwierige Situationen auszuhalten und sich nicht so verloren und einsam wie bisher zu fühlen. Sie sind fähig, Ihr inneres Kind zu beschwichtigen.

Die Verjüngungsübung

Stellen Sie einen Spiegel vor sich auf, in dem Sie Ihr Gesicht gut sehen können. Schauen Sie sich in die Augen und stellen Sie sich dabei vor, immer jünger und jünger zu werden. Schließlich sehen Sie Ihrem inneren Kind in die Augen. Sprechen Sie mit ihm. Erzählen Sie ihm, dass es vertrauen darf, sich rundum sicher fühlen kann. Machen Sie die Übung besonders dann, wenn Sie sich schlecht fühlen, wenn Sie glauben, versagt zu haben, und sich mit irgendwelchen Selbstvorwürfen quälen. Entschärfen Sie Ihre Selbstbeschuldigungen durch die Spiegelübung! Reden Sie liebevoll mit Ihrem inneren Kind. Das ist viel heilsamer, als wenn Ihr strenger innerer Richter Urteil um Urteil fällt und Sie noch mehr an Zuversicht und Selbstvertrauen verlieren.

Die tröstende Helferstimme

Die Angst, die Sie heute als Erwachsener fühlen, ist eine Empfindung, die Sie nicht wegdenken können. Stellen Sie sich vor, dass Sie mit einfachen und beruhigenden Worten mit Ihrem ängstlichen und verstörten inneren Kind sprechen. Finden Sie heraus, welche Worte Ihrem inneren Kind guttun. Erschaffen Sie gedanklich eine tröstende Helferperson. Lassen Sie den reifen, erwachsenen Teil in Ihnen zu einer tröstenden Bezugsperson werden, die sich liebevoll um Ihr inneres Kind kümmert. Sprechen Sie so mit sich, als ob Sie einem ängstlichen Kind mit beruhigenden Worten erklären wollten, dass die gegebene Situation nicht so schlimm sei und die Angst vorübergehen werde. Wichtig ist, einen sanften und beschützenden Umgangston zu wählen und auf keinen Fall zu schimpfen oder Druck auszuüben. Sprechen Sie Ihrem inneren Kind in Krisensituationen gut zu und lernen Sie so, sich selbst zu beruhigen. Erproben Sie die beruhigende Helferstimme in unterschiedlichen Situationen. Gehen Sie spazieren und nehmen Sie Ihr inneres Kind mit. Sprechen Sie unterwegs mit ihm und üben Sie sich darin, ihm schöne Dinge in der Umgebung zu zeigen und sich dabei vorzustellen, dass das innere Kind sich darüber freut, liebevolle Aufmerksamkeit zu erhalten.

Die Namen-Sing-Übung

Selbstliebe ist eine wichtige Voraussetzung, um sich persönliche Schwächen zu verzeihen und sich wegen der erlebten Ängste nicht zu verurteilen.

Wählen Sie einen ruhigen Platz, an dem Sie eine Zeit lang ungestört sein können. Setzen Sie sich bequem auf den Boden. Kreuzen Sie die Beine und achten Sie darauf, in aufrechter Haltung zu sitzen und die Hände ruhig auf dem Schoß liegen zu lassen. Schließen Sie die Augen und singen Sie mehrmals Ihren eigenen Vornamen. Probieren Sie verschiedene Rhythmen und Tonlagen aus. Gestalten Sie Ihr eigenes Namenslied. Diese Übung kann dazu führen, dass Sie sich mit liebevollen Augen betrachten.

Das Verwöhnungsbad

Schenken Sie sich und Ihrem inneren Kind ein Verwöhnungsbad. Lassen Sie ein mit wohlriechenden Essenzen angereichertes, gut duftendes Badewasser ein. Schließen Sie die Augen und erinnern Sie sich an eine Situation aus der Kindheit, die positive Gefühle weckt. Gehen Sie gedanklich zurück in die damalige Zeit und stellen Sie sich Ihr inneres Kind in dieser Situation so bildhaft wie nur möglich vor. Welchen Eindruck macht dieses kleine Mädchen/der kleine Junge auf Sie? Ist es ein aufgewecktes und schnell zu begeisterndes Kind? Träumen Sie sich zurück! Entdecken Sie die Wunderwelt Ihres inneren Kindes. Mit welchen Gegenständen hat es gerne gespielt? Was war sein Lieblingsort in der Natur? Glaubte es noch an Schutzengel, Feen oder andere Wesen? Gab es ein Lieblingsmärchen? Entdecken Sie die magische, kreative Welt Ihres inneren Kindes, während das Badewasser Sie angenehm wärmt und Sie dabei alle Anspannungen loslassen können. Das Verwöhnungsbad hilft besonders dann, wenn Sie nach einer überfordernden und anstrengenden Situation zu sich finden wollen.

Schriftliche Innere-Kind-Übungen

Brief an das innere Kind

Schreiben Sie einen Brief an Ihr inneres Kind. Sprechen Sie es mit seinem Kosenamen an. Stellen Sie ihm so viele Fragen, wie Sie gerne möchten. Beispielsweise: »Wovor fürchtest Du Dich?«, »In welchen Situationen fühlst Du Dich hilflos und klein?«, »Was kann ich für Dich tun? Wie könnte ich Dir helfen?«

Nehmen Sie nun den Stift in die andere Hand, mit der Sie normalerweise nicht schreiben, und lassen Sie Ihr inneres Kind schriftlich antworten. Es soll Sie mit Ihrem Vornamen ansprechen. Ihr inneres Kind kann jetzt mit der unbeholfeneren und einfacheren Schrift der ungewohnten Hand Ihre Fragen beantworten. Es kann Ihnen auch erzählen, wie es ihm jetzt im Moment geht. Sie werden überrascht sein, wie die Antworten Ihres inneren Kindes ausfallen. Das Schreiben mit der sonst nicht dafür genutzten Hand führt zu ganz ungewohnten Gefühlen und Einfällen.

Die Brief-an-sich-selbst-Übung

Stellen Sie sich nun vor, dass Ihr inneres Kind einen Wunschbrief schreibt. Es schreibt Ihnen so, als wären Sie ein liebevoller Elternteil, der die Bedürfnisse des Kindes hören und akzeptieren kann.

In welchen Situationen bräuchte das innere Kind mehr Kontakt zu Ihnen in Ihrer Rolle als beschützender Erwachsener? Ihr inneres Kind kennt auch all die Situationen, in denen Sie sich überfordern und über Ihre persönlichen Grenzen gehen. Es möchte Sie anleiten, sich zu entspannen, auszuruhen und Zeit zum Spielen einzuräumen. Ihr inneres Kind schreibt Ihnen seine Gedanken zu diesem Thema auf.

Betrachten Sie Ihren Alltag mit den Augen des inneren Kindes. In welchen Situationen gäbe es Verschnaufpausen? Welche Möglichkeiten gibt es, kreative spielerische Impulse zu leben, innezuhalten und belastende Verantwortlichkeiten für einen kurzen Moment zur Seite zu legen? Das innere Kind hat einen Wunsch frei, den es formulieren darf. Erfüllen Sie diesen Wunsch. Bedanken Sie sich bei Ihrem inneren Kind für seinen Brief und vereinbaren Sie ein weiteres Treffen. Das innere Kind kann Sie dabei unterstützen, lockerer zu werden und die eigenen Bedürfnisse wieder mehr in den Vordergrund zu stellen.

Erfinden Sie eine Bewältigungsgeschichte

Denken Sie einmal daran, wie gerne Kinder Märchen hören. Märchen haben für Kinder eine stärkende und ermutigende Funktion, da sie sich mit dem Märchenhelden identifizieren und vorhandene Ängste hierdurch transformiert werden können. Bei einem Märchen, das Sie sich selbst erzählen, beruhigt sich Ihr inneres Kind. Zwingen Sie sich nicht dazu, irgendeine Geschichte zu erfinden. Sammeln Sie spontane Einfälle, die nicht logisch klingen müssen. Erschaffen Sie in der Fantasie Helden, die sich Ihren Ängsten stellen und Feuer speiende Drachen besiegen, oder erfinden Sie ungewöhnliche Reisen, bei denen es darum geht, dass sich der Held Herausforderungen stellt, die erfolgreich bewältigt werden. Sollte sich Ihr Verstand zu oft einmischen, so

144

stellen Sie sich bitte vor, diesen während des Schreibens Ihrer Geschichte an der Garderobe abzulegen, um dem spontanen Fluss Ihrer Eingebungen ganz ungehindert folgen zu können. Experimentieren Sie! Lassen Sie Ihre Hand wie von selbst etwas aufschreiben. Die spontan erfundene Geschichte vermag Ihre Ängste ein Stück weit zu lösen. Sie hat allemal heilenden Charakter. Beschließen Sie Ihre Geschichte mit einem »Happy-End-Satz«.

Hier das Beispiel von Brigitte, die ihre Erfahrungen in Form einer Geschichte beschreibt:

Es war einmal ein kleines Mädchen, das schon als Kind große Angst vor der Dunkelheit hatte. Mit den Jahren wusste es zwar, dass es keine Wölfe und Hexen gibt, die sich unter dem Bett verstecken können, doch war die Dunkelheit für es immer irgendwie unheimlich. Es ließ nachts das Licht brennen, bis es sich eines Tages dazu entschloss, etwas Neues auszuprobieren. Es wollte – wie die meisten anderen Leute auch – ganz normal und ohne Licht einschlafen können. Es las viele Bücher über Angst und eines Tages hatte es den richtigen Einfall. Es stellte sich vor dem Einschlafen schöne Bilder und Landschaften vor. Mithilfe des autogenen Trainings lernte es, ruhig und gleichmäßig zu atmen. Es hatte das Gefühl, dass seine Angst von Tag zu Tag weniger wurde. Die märchenhafte Wandlung machte es fröhlich und es beschloss, auch andere Dinge, mit denen es nicht zurechtkam, »anzupacken«.

Eines Tages begegnete es ihrer Angst in Form eines großen, grünen, Gift spuckenden Drachens. Erst zitterten ihm die Knie und sein Herz schlug bis zum Hals. Dann erinnerte es sich daran, dass es mit dem Drachen sprechen kann. Es sagte ihm: »Ich habe Angst vor dir, aber aus sicherem Abstand kann ich dir in die Augen sehen. Vielleicht begleitest du mich noch viele Jahre, ich werde mich mit dir anfreunden.« Als es dies sagte, verwandelte sich der Drache plötzlich in einen zahmen, kleinen Hund. Er sagte: »Wenn du mich ansiehst, dann bemerkst du, dass ich nicht so gefährlich bin, wie ich aussehe. Probiere es einfach öfter einmal aus.«

Es ist der Zaubertrick, der bei mir gut funktioniert.

Brigitte fühlte sich nach dem Schreiben dieser Geschichte ruhig und gelassen. Sie weiß, dass sie sich ihrer Angst stellen kann und sich dadurch die Gedanken und Gefühle in angstauslösenden Situationen verändern können.

Bewegungsübungen für das innere Kind

Massage des inneren Kindes

Streicheln und massieren Sie Ihren Bauch. Verwenden Sie dazu ein wohlriechendes Haut- oder Massageöl. Sie verwöhnen damit sich selbst ebenso wie Ihr inneres Kind. Stellen Sie sich bei dieser Übung auch vor, Ihr inneres Kind säße in Ihrem Bauchraum und genieße jede Ihrer Bewegungen und Berührungen, weil es sich dadurch ganz geborgen und wohl wie ein noch ungeborenes Baby im Mutterleib fühlen kann. Es braucht nichts zu tun, außer einfach abzuwarten, bis die Zeit reif ist, geboren zu werden.

Die Schaukelübung

Haben Sie schon einmal beobachtet, wie Mütter ihre Babys hin- und herwiegen? Schreiende Babys können durch eine leichte Schaukelbewegung zur Ruhe gebracht werden. Stellen Sie sich Ihr inneres Kind jetzt als Baby vor. Wiegen Sie es in Gedanken auf den Armen sanft hin und her. Legen Sie sich mit dem Rücken auf eine warme Decke oder einen Teppich. Winkeln Sie Ihre Beine an und umfassen diese mit beiden Armen. Schaukeln Sie sich selbst sanft hin und her. Erzählen Sie Ihrem inneren Kind dabei eine Geschichte. Ermutigen Sie es! Sagen Sie ihm auch, dass Sie sich fortan für die Bedürfnisse Ihres inneren Kindes Zeit nehmen und diese zukünftig respektieren und beachten werden. Laut ausgesprochene Worte machen die Übung für Sie lebendiger und somit gefühlsintensiver. Probieren Sie es aus!

Die Ballübung
Besorgen Sie sich einen Ball, wie ihn Kinder zum Spielen haben. Spielen Sie nun mit sich selbst Ball: Sie werfen den Ball an die Wand, lassen ihn auf den Boden aufprallen und fangen ihn dann wieder auf. Das Ganze sollte mit folgenden Worten verbunden sein:

1. Der Ball trifft auf die Wand: begleitendes Wort »Angst«
2. Der Ball prallt auf den Boden: begleitendes Wort »weg«
3. Der Ball wird aufgefangen: begleitendes Wort »und«

Diese Übung fördert Ihre Konzentrationsfähigkeit. Die Worte wirken autosuggestiv. Gerade durch die Umsetzung in Bewegung prägt sich die Formel »Angst – weg« besonders gut in Ihrem Unterbewusstsein ein.

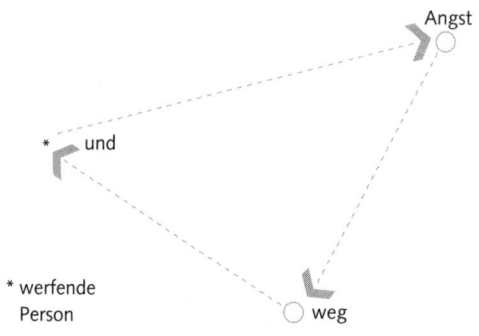

Rituale als Helfer

In Guatemala besitzen viele Menschen die sogenannten Sorgen-püppchen, die in einer kleinen Schachtel verwahrt werden. In schwierigen Situationen entnimmt man ein Püppchen und teilt diesem seine Probleme mit. Vor dem Einschlafen wird es dann unter das Kopfkissen gelegt, in der festen Überzeugung, das Problem werde sich während des Schlafes »von selbst« lösen. Nächsten Morgen wacht man optimistisch und gut gelaunt auf. Das Ritual bewirkt, wenn nicht die Lösung, so doch eine Erleichterung. Über derlei Rituale schmunzelt unser erwachsener Verstand recht gerne und tut sie als Aberglauben ab. Das Unterbewusstsein hat allerdings ganz andere Gesetze. Das innere Kind lässt sich durch Rituale beruhigen und auch der erwachsene Teil in Ihnen empfindet nach der Durchführung eines Rituals neue Hoffnung und Zuversicht.

Der Gegenstand der Kraft

Suchen Sie sich einen Gegenstand, der Ihnen Kraft verleihen könnte. Auch wenn Sie nicht an die Kraft von Talismanen glauben, können Gegenstände doch eine große Wirkung ausüben. Sie selbst wählen diesen Gegenstand aus und erklären ihn zu Ihrem ganz persönlichen Kraftobjekt. Es sollte sich auf jeden Fall um einen kleineren Gegenstand handeln, den Sie leicht in der Hand halten können.

Bereiten Sie sich nun auf Ihr Ritual vor. Nehmen Sie Ihr Kraftobjekt in die Hand und sprechen Sie die Worte »Quelle der Kraft« oder »Handlungskraft« mehrmals wie einen »Zauberspruch« aus. Sie verknüpfen so Ihren Gegenstand mit dem Wunsch, handlungsfähig, stark und mutig zu sein. Tragen Sie den Gegenstand einige Tage mit sich herum. Die unbewusst geschaffene Verbindung zwischen Gegenstand und stärkendem Wort kann bewirken, dass Sie Krisensituationen ganz anders handhaben als bisher: Berühren Sie einfach Ihren Gegenstand, wenn Sie die damit verbundene Eigenschaft benötigen (Stärke, Mut, Kraft, spezielle Fähigkeiten). Sie können sich auch einen ganz persönlichen Zauber- oder Heilspruch ausdenken und diesen bei der Berührung Ihres Kraftobjektes denken oder laut vor sich hin sprechen. Zum Beispiel: »Lieber Stein, du bist mein Heilungs- und Kraftstein. Schütze und stärke mich!«

Die Sternenhimmelübung

Angst ist immer eine Folge mangelnden Vertrauens. Die Entwicklung von Vertrauen in die eigenen Fähigkeiten ist ein Prozess, den Sie zwar bewusst einleiten können, jedoch muss auch Ihr Unterbewusstsein davon überzeugt werden, dass eine positive Zukunft möglich ist. Hierzu können Vorstellungsübungen sehr hilfreich sein.

Schließen Sie die Augen. Zählen Sie langsam und im Rhythmus Ihres Atems von 10 abwärts bis 1. Denken Sie bei jedem Atemzug das Wort »tiefer«. Sie versetzen sich so in einen Entspannungszustand.

Stellen Sie sich nun einen Turm vor, den Sie besteigen wollen. Wie sieht dieser Turm aus? Oben angelangt, sehen Sie sich auf der Aussichtsplattform um. Allmählich wird es Nacht und die Sterne werden sichtbar. Denken Sie nun an eine Situation, die Sie erfolgreich bewältigen wollen. Formulieren Sie einen Wunsch. Stellen Sie sich vor, diesen Wunsch – ähnlich wie einen Zettel an eine Pinnwand – an einen der Sterne zu heften. Dieser Stern, der Ihren Wunsch trägt, erscheint jetzt in Ihrer Vorstellung viel heller und größer als die anderen Sterne. Zeigen Sie ihn Ihrem inneren Kind mit den Worten: »Vertraue, es wird alles gut werden«. Zählen Sie dann von 1 aufsteigend wieder langsam bis 10 und beenden Sie diese Übung.

Immer dann, wenn Sie das Vertrauen in Ihre Handlungsfähigkeit verlieren, sollten Sie den Ort Ihres inneren Aussichtturmes wieder aufsuchen und mit Ihren Wünschen in die geheimnisvolle Sternenwelt eintauchen.

Die Sonnenstrahlübung

Bei diesem Ritual ist es erforderlich, die Angstgedanken aufzuschreiben: Nehmen Sie für jeden Gedanken einen eigenen Zettel. Legen Sie die auf Ihren Zetteln notierten Gedanken dann in eine kleine Schachtel. Stellen Sie diese auf das Fensterbrett, sodass Sie von der Sonne bestrahlt werden kann. Stellen Sie sich nun vor, dass die Sonne als Leben und Licht spendender Kraftquell auch die negativen Botschaften und Befürchtungen in der Schachtel »heilend« umwandelt. Nehmen Sie nach einiger Zeit – vielleicht am Abend nach Sonnenuntergang – Ihre Zettel aus der Schachtel heraus und schreiben Sie auf die jeweilige Rückseite all Ihre Einfälle, die einen hilfreicheren Umgang mit Ihren Ängsten bewirken könnten. Schließen Sie dabei hin und wieder die Augen und stellen Sie sich die goldene, warme Abendsonne vor.

Die Kerzenübung

Begeben Sie sich an einen ruhigen, ungestörten Ort. Zünden Sie eine Kerze an und lassen Sie vor Ihrem inneren Auge ein Bild entstehen, wie Sie gerne sein würden. Malen Sie sich ganz konkret aus, wie Sie etwa wieder U-Bahn fahren oder vor anderen Menschen frei und unbefangen sprechen können. Stellen Sie sich die Situation so lebendig vor wie irgend möglich, während Sie unverwandt in die brennende Kerze blicken und sich dabei immer mehr entspannen. Erst wenn Sie sich innerlich ganz ruhig fühlen, sollten Sie diese Übung beenden. Löschen Sie dann die Kerze aus. Wiederholen Sie diese Übung öfter. Ganz gewiss wird sich – noch bevor die Kerze ganz abgebrannt ist – etwas verändert haben. Diese Übung stimmt Sie positiv auf eine bessere Zukunft ein, in der Sie in Ihr Potenzial hineingewachsen sein werden.

Die Wohnungsveränderungs-Übung

Was tun Sie, wenn Ihnen Ihre Wohnung nicht mehr gefällt? Vermutlich gestalten Sie diese um, indem Sie ein Möbelstück verrücken oder sich etwas Neues hinzukaufen. Ebenso verhält es sich im psychischen Bereich. Selbsthilfe ist nicht nur ein innerer Prozess, sondern wird auch von äußeren Faktoren gesteuert. Handlungen, die Sie gezielt durchführen, um Ihre Stimmung zu verbessern und sich zu stärken, haben Einfluss auf Ihre innere Befindlichkeit. Ein schöner Abendspaziergang führt gewiss zu angenehmeren »Gutenachtgefühlen«, als wenn Sie sich vor dem Einschlafen einen Horrorfilm ansehen. Gehen Sie noch einmal zur Einrichtung Ihrer Wohnung zurück! Entspricht sie Ihren Vorstellungen? Könnten Sie etwas verbessern? Womöglich ein schönes Bild oder ein neues Poster aufhängen? Dann tun Sie es, verändern Sie etwas! Wann immer Ihr Blick darauf fällt, können Sie sich sagen: »Ich erfreue mich an schönen Dingen«, oder: »Ich kann jederzeit etwas verändern«. Lassen Sie es also nicht beim Ansehen alleine, sondern denken Sie immer gleich auch an Ihren Veränderungssatz. Die im Außen durchgeführte Aktion macht Mut. Sie gewinnen die Überzeugung, dass sich auch Ihre Angst wandeln kann, weil Sie aktiv geworden sind.

Das Bilderspiel

Holen Sie sich alte Illustrierte hervor und suchen Sie nach Abbildungen von Menschen, die besonders stark und mutig wirken. Ein gutes Beispiel hierfür sind Abbildungen und Darstellungen von Personen, die in der Öffentlichkeit stehen und die diese Fähigkeit in hohem Maße besitzen. Suchen Sie sich auch furchtsame und schüchtern wirkende Gesichter heraus. Sie erkennen eine ängstliche Haltung etwa an weit geöffneten Augen, vorgezogenen Schultern, einem gekrümmten Rücken oder einer gebückten Körperhaltung. Schneiden Sie die Bilder aus. Legen Sie eine richtige Sammlung an. Sehen Sie sich die Bilder beider Kategorien eine Weile an. Kleben Sie die Abbildungen der verschiedenen Personen auf Pappkarton. Vergleichen Sie und beantworten Sie nachfolgende Fragen:

- Wie denken möglicherweise die von Ihnen ausgewählten Menschen, wenn sie in schwierige Situationen geraten?
- Welche Ideen und Gedanken fehlen möglicherweise den ängstlich wirkenden Menschen, um sich im Leben besser zurechtfinden zu können?
- Wie wirken möglicherweise die mutigen Menschen im Gegensatz zu den ängstlich wirkenden Menschen auf andere?
- Denken Sie an eine konkrete Angstsituation, die Sie kürzlich erlebt haben. Sehen Sie das Bild eines mutigen Menschen an. Was würde Ihnen dieser sagen oder raten, wie Sie diese Situation besser bewältigen könnten?

Notieren Sie hilfreiche Gedankengänge. Werden Sie zum unterstützenden und beratenden Coach, der jetzt die Aufgabe übernimmt, die unsicher wirkenden Personen zu beraten. Diese Übung wird auch Ihrem inneren Kind Spaß bereiten. Sie können allen Bildern Namen geben, wie etwa »Der Verzweifelte«, »Der

Hilflose«, »Der Experimentierfreudige«, »Der Lebensbewälti-
gungstyp«, »Der Manager«, »Der Bejahungstyp«, »Der ewige
Neinsager« usw. Sie können diese Übung zu einem richtigen
Spiel erweitern! Erstellen Sie auch einen Stapel Kärtchen, auf denen Sie mögliche Angstauslöser sammeln, wie etwa:

- Jemand übt Kritik an Ihnen.
- Sie haben ein selbst gestecktes Ziel nicht erreicht.
- Sie fühlen sich in Kontakt mit anderen unsicher und unwohl.
- Sie haben eine Chance verpasst.
- Die S- oder U-Bahn bleibt plötzlich im Tunnel stecken.
- Sie haben das Gefühl, keine Luft mehr zu bekommen.
- Sie befürchten, in Situation X zu versagen.
- Sie stehen im Supermarkt an der Kasse und Ihre Hände begin-
  nen zu zittern.
- Sie sollen vor einer großen Gruppe einen Vortrag halten.

Ziehen Sie nun aus dem Stapel der Fotokarten eine Karte heraus
und ebenso einen Satz aus dem Stapel der angstauslösenden Situationen. Was würde die jeweils gezogene Person in der konkreten
angstauslösenden Situation denken? Der Verzweiflungstyp würde
zum Beispiel ständig jammern, während der Managertyp konstruktive Lösungsideen entwickeln würde. Erfinden Sie Ihre eigenen Beispiele!

Das Lieblingsbaum-Ritual

In jeder Kultur finden wir Rituale, die sich rund um den Baum
bewegen. So wird der Buche von den Zigeunern große Bedeutung beigemessen, da der Kontakt mit dieser sich positiv bei
Ängsten und Depressionen auswirken soll. Die Birke bringt nach
Meinung von Hildegard von Bingen Licht und Fröhlichkeit in

die Seele. Der Aufenthalt in der Nähe von Kiefern und Fichten soll sich allgemein nervenstärkend und entspannend auswirken. Bäume gelten in vielen Kulturen als Symbol des Lebens und ihnen wird im Volksmund Heilcharakter zugewiesen.

Begegnen Sie auf einem Ihrer Spaziergänge einem Baum, der Sie irgendwie anzieht. Gehen Sie in Kontakt mit diesem Baum, berühren Sie seinen Stamm, nehmen Sie die Wurzeln und das Blätterdach wahr. Welche Tiere suchen bei diesem Baum Schutz und Zuflucht? Treten Sie mit diesem Baum in Kontakt und öffnen Sie sich mit dem Herzen für seine Botschaften. Prägen Sie sich jede Einzelheit dieses Baumes ein, beschreiben Sie ihn so gut und so genau, wie Sie können. Während der von Ihnen vorgenommenen »Baumanalyse« bitten Sie Ihre innere Weisheit um einen stärkenden Satz, wie zum Beispiel »Mut tut gut«, »Ich kann, wenn ich will«. Die Assoziation (unbewusste Brücke) zwischen der jeweiligen Baumart und Ihrem Stärkungssatz ist nun geschaffen.

Erinnern Sie sich bei Bedarf (beispielsweise in einer verunsichernden Situation auf der Straße) an diese Übung. Stellen Sie sich dann »Ihren« Baum vor oder suchen Sie ganz bewusst nach einem Baum gleicher Gattung. Vielleicht fällt Ihnen dann der stärkende Satz ganz spontan ein. Der »passende« Satz wird Sie stärken und Ihnen guttun!

Wahrnehmungsübungen als Helfer

Die Schulung der Sinneswahrnehmung

Der Begriff »Angst« leitet sich aus dem lateinischen »angustiae« ab, was so viel bedeutet wie »Enge«. Die mangelnde Fähigkeit, mit allen Sinnen wahrzunehmen, führt zu einer solchen inneren Enge, zu einem Gefühl von Ausweglosigkeit, Unfreiheit, Zwanghaftigkeit. Die Aufmerksamkeit ist ausschließlich auf die Angstgedanken und die damit einhergehenden Körpersymptome gerichtet. Menschen mit häufig auftretenden Angstgefühlen beschäftigen sich meist mit Fantasien über auf sie zukommende Gefahren oder mit vermeintlichen Versäumnissen und Fehlschlägen der Vergangenheit. Aber: Die Vergangenheit ist vorbei und die Zukunft ist noch nicht da!

Der bewusste Gebrauch der Sinne (Sehen, Hören, Tasten, Schmecken, Riechen) erweitert das Denken und stärkt das Selbstvertrauen. Lernen Sie, Ihre Sinne aktiv bei der Angstbewältigung einzusetzen und die Gegenwart bewusst wahrzunehmen. Nur im Jetzt können Sie Ihr Leben gestalten und umgestalten. Die Möglichkeit einer Veränderung liegt weder in Ihrer Vergangenheit noch in Ihrer Zukunft, sondern ausschließlich im Hier und Jetzt. Nur hier und heute können Sie neue Entscheidungen treffen. Entdecken Sie Ihre Sinne wieder! Erfahren Sie die Welt wie ein neugieriges Kind.

Legen Sie nun das Buch kurz aus der Hand, um folgende Übung durchzuführen. Schließen Sie für ein paar Momente die Augen. Was nehmen Sie wahr? Möglicherweise Ihren Atem oder Ihren Herzschlag? Oder Ihre Gedanken? Welcher der auftauchenden Gedanken könnte dazu führen, dass Sie die Sie umgebenden äußeren Dinge nicht mehr so wahrnehmen, wie sie tatsächlich sind?

Die in diesem Kapitel vorgestellten Übungen sollen zu größerer Bewusstheit verhelfen, sodass Sie auch im akuten Angstanfall in der Lage sein werden, der Enge und Bewegungsunfähigkeit entgegenzuwirken. Bewusstes Wahrnehmen lässt sich allerdings nicht auf Kommando erlernen. Es geschieht im Rahmen eines übenden Prozesses. Beginnen Sie, den Farbenreichtum der Welt neu zu entdecken. Viele Übungen können auch vor dem Aufsuchen einer als beängstigend erlebten Situation durchgeführt werden. Sie helfen Ihnen, wieder Vertrauen in den fließenden Prozess des Lebens zu gewinnen. Lernen Sie wie ein Surfer, auf den Wellen zu reiten!

Die Schulung des Sehens

Ängstliche Menschen verlieren häufig den Blick für das größere Ganze. Wie ein hypnotisiertes Kaninchen starren sie auf das scheinbar nicht zu bewältigende Problem. Sehübungen sind deshalb besonders gut geeignet, festgefahrene innere Einstellungen spielerisch aufzulockern und den Blickwinkel zu erweitern. Führen Sie die Übungen jeweils eine Minute lang durch:

□ Sehen Sie sich die Gegenstände, die in Ihrer Umgebung sind, genau an. Welche Farben treten intensiver in den Vordergrund als andere? Welche der betrachteten Gegenstände liegen mehr im Licht als im Schatten?

- ▢ Richten Sie Ihre Aufmerksamkeit auf einen Gegenstand, den Sie schon sehr oft gesehen haben. Versuchen Sie, etwas Neues und Ungewöhnliches an ihm zu entdecken. Betrachten Sie diesen Gegenstand jetzt so, als sähen Sie ihn zum allerersten Mal!

- ▢ Suchen Sie sich einen Gegenstand aus. Lassen Sie Ihre Augen aufmerksam an ihm umherwandern, bis Sie ihn in allen Einzelheiten beschreiben können. Schließen Sie dann die Augen und vergegenwärtigen Sie sich inwendig die beobachteten Details.

Diese Übungen können in akuten Angstphasen durchgeführt werden. Lenken Sie Ihre Aufmerksamkeit weg von der Angst und den möglicherweise vorhandenen körperlichen Symptomen. Schenken Sie diesen keine übermäßige Beachtung. Konzentrieren Sie sich auf das ausgewählte Objekt. Betrachten Sie den Gegenstand, den Sie ansehen, so, als handle es sich um ein besonderes Kunstwerk in einem Museum. Lernen Sie durch diese Übung, sich vom Angstgeschehen zu distanzieren. Richten Sie den Brennpunkt Ihrer Aufmerksamkeit auf anderes.

Die Schmetterlingsübung

Nehmen Sie eine Uhr mit Sekundenzeiger zur Hand. Konzentrieren Sie sich genau eine Minute lang auf einen ausgewählten Gegenstand in Ihrer Umgebung. Welche Farbe, Form und Größe hat er, welche Assoziationen weckt er? Selbst in einer kurzen Minute können viele unerwünschte Gedanken auftauchen. Stellen Sie sich deshalb vor, die unerwünschten Gedanken – sofern welche auftreten – würden wie Schmetterlinge an Ihnen vorbeiflattern. Halten Sie Ihre »Gedankenschmetterlinge« nicht fest. Lassen Sie einen nach dem anderen an sich vorbeifliegen, während Sie sich weiterhin ganz auf Ihr Beobachtungsobjekt konzentrieren. Führen Sie diese Übung mit unterschiedlichen Gegenständen durch. Üben Sie auch außer Haus, bei einem Spaziergang etwa im Freien. Dort bietet sich vieles, was Ihre Aufmerksamkeit auf sich ziehen kann.

Die Blaue-Farbe-Übung

Gelb, Orange und Rot sind warme Farben, während Grün, Lila und Blau zu den kalten Farben gehören. Forschungen ergaben, dass Farben ganz unterschiedliche Gefühlsempfindungen hervorrufen können. Kalte Farben, wie etwa Blau, wirken sich auf die Psyche beruhigend, gar schmerzlindernd aus, während Rot aktivierende und anregende Wirkung hat. Umgeben Sie sich mit der Farbe Blau und fühlen Sie dabei das Beruhigende und Entspannende, das von Blau ausgeht. Die Farbe Blau kann zu Ihrer Beruhigungs- und Heilfarbe werden. Folgende Empfehlungen könnten Sie dabei unterstützen, zu innerer Ruhe zu finden:

- Tauchen Sie in schwierigen Situationen die ganze Szene in blaue Farbe, als würden blaue Scheinwerfer darauf gerichtet sein.
- Stellen Sie sich vor dem Einschlafen die Farbe Blau vor.
- Suchen Sie auch in Schaufensterauslagen nach blauen Dingen. Überall, wo Sie etwas Blaues entdecken, können Sie sich innerlich leise zuflüstern, dass Blau eine beruhigende Wirkung hat.
- Tragen Sie einen blauen Schal oder eine blaue Krawatte.
- Hängen Sie ein Bild auf, das in Blautönen gehalten ist.
- Achten Sie an sonnigen Tagen darauf, ob der Himmel blau ist. Betrachten Sie den blauen Himmel und erlauben Sie sich, die Empfindung des weiten Raumes in sich aufzunehmen.

Die Naturübung

Suchen Sie sich einen ruhigen, friedlichen Platz in der Natur, wo Sie ungestört sind. Setzen Sie sich auf eine schöne Wiese oder unter einen Baum. Sehen Sie sich um. Was können Sie jetzt gerade sehen, hören oder riechen? Was können Sie berühren und erspüren? Erzählen Sie sich leise eine Geschichte über Ihre Wahrnehmung im Hier und Jetzt. So eine Geschichte könnte etwa folgendermaßen klingen:

»Jetzt höre ich das leichte, sanfte Rauschen des Windes – jetzt sehe ich einen Vogel, der ganz oben auf einem Zweig sitzt – jetzt einen bunt schillernden Käfer, der über das Moos krabbelt – jetzt fühle ich die weiche Erde unter mir.«

Je länger Sie diese Übung durchführen und je öfter Sie das Wort »jetzt« einfließen lassen, desto ruhiger werden Sie. Probieren Sie es aus!

Die Schulung des Hörens

Was hören Sie in diesem Moment? Welche Geräusche nehmen Sie wahr? Welche davon sind im Vordergrund und welche spielen sich im Hintergrund ab? Sind es natürliche oder künstliche Geräusche? Versuchen Sie zu orten, woher die jeweiligen Geräusche kommen. Mit welchen Worten lassen sie sich beschreiben?

- Achten Sie bei einem Spaziergang im Freien darauf, was draußen alles zu hören ist. Können Sie einen Grashalm rascheln hören? Hören Sie, wenn ein Blatt vom Baum fällt? Wie klingt der Wind? Hören Sie Vögel zwitschern? Wie klingt ein Vogelkonzert?
- Schließen Sie die Augen. Achten Sie darauf, wie sich die Geräusche aus der nahen und fernen Umgebung anhören, wenn

visuelle Reize ausgeschaltet sind. Welche dieser Geräusche sind mit positiven Assoziationen verbunden?

- Wie empfinden Sie die Stimmen von Menschen, die Sie nicht kennen? Können Sie aus der Sprachmelodie die Stimmung der sprechenden Personen heraushören?
- Wie klingt Ihr Schritt, wenn Sie draußen auf der Straße oder auf einem Kiesweg laufen? Nehmen Sie sich Zeit, diesen bewusst wahrzunehmen.

Die Flussübung

Setzen Sie sich an einen Fluss und hören Sie das gleichmäßige Fließen des Wassers. Denken Sie dann über folgenden Text nach:

Sowenig, wie es Ihnen gelingen wird, den Fluss auf seiner Wanderschaft durch das Flussbett aufzuhalten, sowenig wird es möglich sein, die in zukünftigen Lebenssituationen erforderlichen Handlungen vorauszuplanen. Im Alltag sorgen unerwartete Überraschungen häufig dafür, dass bereits gefasste Pläne verändert und umstrukturiert werden müssen. Die intensive Beschäftigung mit zukünftigen negativen Ereignissen führt nirgendwohin! Hier an diesem Flusse sitzend, würden Sie sich sicherlich nicht ausmalen, dass sich nach der nächsten – für Sie nicht mehr sichtbaren – Flussbiegung eine hässliche Schlammkloake mit Würmern befindet. Sie würden vielmehr annehmen, er fließe harmonisch und in vielen mehr oder weniger geschwungenen Bögen durch Wiesen und Wälder. Schließen Sie jetzt die Augen und hören Sie noch einmal auf das Rauschen des Wassers, während Sie in Ihrer inneren Vorstellung gleichzeitig ein positives und angenehmes Zukunftsbild erschaffen. Malen Sie sich Ihr inneres Bild so deutlich wie möglich aus.

Notieren Sie das von Ihnen erschaffene positive Zukunftsbild in Ihrem Handlungstagebuch.

Die Tonheilung

In vielen Kulturen dient Musik nicht nur der Unterhaltung, sondern wird auch eingesetzt, Zustände veränderten Bewusstseins herbeizuführen. In Afrika oder Südamerika werden vielfach Trommelrhythmen verwendet, um Zuhörer und Tänzer in Trance zu versetzen. In dieser Trance werden besondere Kräfte freigesetzt, Visionen entstehen und die Tänzer reisen in farbige Welten und anders geartete innere Wirklichkeiten. Sicher gibt es auch für Sie Musik, deren Rhythmus und Klang Ihr Wohlbefinden steigert.

Hören Sie sich nun eines Ihrer Lieblingsstücke an und achten Sie darauf, ob Sie dabei Energie empfinden. Bewegen Sie sich im Rhythmus der Musik. Wählen Sie Musik, die Sie stärkt. Hören Sie Ihre ganz persönliche Kraftmusik in Momenten an, in denen Sie sich auf eine schwierige Alltagssituation vorbereiten möchten. Tun Sie dabei nichts anderes. Hören Sie mit voller Aufmerksamkeit zu. Atmen Sie tief ein und aus und stellen Sie sich vor, die Musik ströme in Ihren Körper hinein und fülle jede Ihrer Körperzellen mit neuer Kraft. Den bei dieser Übung möglicherweise auftauchenden störenden Gedanken geben Sie das Kommando »Jetzt nicht«. Sie können zu der Musik auch zu tanzen beginnen. Tanzen Sie störende Gedanken einfach weg.

Nehmen Sie sich nach Abschluss dieser Übung Ihr Handlungstagebuch und ergänzen Sie folgenden Satz: »Meine Musik stärkt mich heute und ich werde ... tun.« Notieren Sie, was Ihnen ganz spontan einfällt. Wichtig ist, dass Sie nicht nach besonders »Schlauem« suchen, sondern den allerersten Einfall aufschreiben. Sprechen Sie den jeweiligen Satz laut vor sich hin.

Hier einige Beispiele von anderen, die diese Übung durchgeführt haben:

▫ Meine Musik stärkt mich heute und ich werde nach draußen gehen.

- Meine Musik stärkt mich jetzt und ich werde … anrufen und ihm meine Meinung sagen.
- Meine Musik stärkt mich jetzt und ich werde mit dem Kollegen über den Verlauf des Projekts sprechen.

Die Heilmuschelübung

Haben Sie zwei größere Muscheln? Probieren Sie damit Folgendes aus: Halten Sie diese dicht über Ihre Ohren und horchen Sie auf das Rauschen. Schließen Sie die Augen und lassen Sie Erinnerungen an Strand- und Meeraufenthalte wach werden. Falls Sie keine Muscheln haben, können Sie diese Übung auch mit Ihren Händen machen. Legen Sie Ihre Handflächen hohl auf die Ohren. Versenken Sie sich einige Minuten lang in Ihre innere Welt. Nehmen Sie diese Übung ernst. Sie werden erstaunt feststellen, dass negative Gedanken völlig in den Hintergrund treten und sich Ruhe und Entspannung schnell einstellen.

Die Schulung des Tastens und Berührens

In einer Angstsituation kann es sehr hilfreich sein, etwas fest in den Händen zu halten und die Qualitäten des gewählten Objektes zu erforschen. Die Aufmerksamkeit wird von der Angst abgezogen und Sie wenden sich bewusst Ihren Fingern zu und aktivieren Ihren Tastsinn.

- Berühren Sie verschiedene Gegenstände erst mit offenen, dann mit geschlossenen Augen. Welchen Unterschied können Sie feststellen? Finden Sie Worte dafür, wie sich diese Gegenstände anfühlen: weich, hart, klebrig, rau, glatt oder geschmeidig.

- Berühren Sie einen Gegenstand auf unterschiedliche Art und Weise: zuerst mit den Fingerspitzen, dann mit dem Handrücken und mit den Lippen. Die ausgewählten Gegenstände werden sich dann ganz anders anfühlen.
- Besorgen Sie sich eine Feder, die sich angenehm weich anfühlt. Wählen Sie ein Musikstück aus, das einen langsamen Rhythmus hat. Schließen Sie die Augen und geben Sie sich mit der Feder eine Gesichtsmassage.
- Gehen Sie in der Natur auf Entdeckungsreise. Was möchten Sie gerne berühren? Erforschen Sie das Moos mit Ihren Händen, die knorrige Rinde eines alten Baumstamms und andere Objekte, die Sie gerne berühren möchten.
- Erforschen Sie mit nackten Füßen, wie sich zum Beispiel unterschiedliche Stoffe oder der Teppich in Ihrer Wohnung anfühlt. Entdecken Sie mit offenen und geschlossenen Augen die Natur in Ihrer Umgebung. Wie fühlen sich die Grashalme auf einer Wiese in Ihrem Umfeld an?

Die Schulung des Riechens

Lassen Sie sich von Ihrer Nase leiten. Welche Gerüche nehmen Sie wahr? Riechen Sie zum Beispiel die frischen Brötchen beim Bäcker oder den Geruch des Zeitungspapiers? Welche anderen Gerüche können Sie identifizieren? Verschiedene Blumen, Früchte, frisches Holz? Welche Gerüche stören Sie? Abgase, Zigarettenrauch, aufdringliches Parfum?

- Welche Düfte wirken sich positiv auf Ihre Stimmung aus? Wie lässt sich dieser Geruch beschreiben? Ist er leicht, frisch, blumig oder herzhaft?

- Welche Düfte beruhigen oder stärken Sie? Besorgen Sie sich Riechfläschchen oder Aromaöle, um mit Düften zu experimentieren. Konzentrieren Sie sich auf den ausgewählten Duft und riechen Sie ganz bewusst daran. Welche Erinnerungen oder Bilder löst der jeweilige Duft aus?
- Riechen Sie an etwas, das für Sie angenehm ist. Welche Gedanken löst der angenehme Duft aus? Folgen Sie den angenehmen Eindrücken, die Sie mit dem Geruch verbinden.
- Wie ausgeprägt ist Ihr Geruchssinn? Riechen Sie zum Beispiel aus unterschiedlicher Entfernung an einem Tannenzweig, einer gut duftenden Blume oder an einer geschälten Orange, um Ihren Geruchssinn zu testen.

Die Schulung des Schmeckens

Nehmen Sie sich Zeit für ganz konkrete Geschmacksübungen:

- Wie schmeckt ein Apfel im Vergleich zu einer Birne? Wie schmeckt ein Vollkornbrot im Vergleich zu einem Weißbrot?
- Wie schmecken die verschiedenen Teile eines Apfels (die Schale, der äußere oder der innere Teil)?
- Welche Geschmacksqualitäten können Sie bei verschiedenen Nahrungsmitteln wahrnehmen: scharf, süß, sauer, salzig, bitter?
- Essen Sie verschiedene Nahrungsmittel mit geschlossenen Augen und beschreiben Sie den Unterschied in der Geschmacksqualität. Nehmen Sie sich für jeden Bissen ausreichend Zeit.
- Behalten Sie einen Bissen (eine Süßigkeit, ein Obst, ein Stück Kartoffel usw.) länger als üblich im Mund und beobachten Sie die sich verändernde Geschmacksqualität. Wie verändert sich diese während des Kauens?

◻ Aktivieren Sie die Geschmacksrezeptoren Ihrer Zunge. An welcher Stelle spüren Sie Süßes oder Saures? Spüren Sie das intensiver am Zungenrand, in der Mitte oder an der Zungenspitze?

Ablenkungsübungen

Ablenkungstechniken wirken nur vorübergehend und erleichtern die Bewältigung kritischer Situationen. Die nachfolgend beschriebenen Ablenkungsübungen bewirken, dass Sie trotz negativer Gedanken und belastender Gefühlsreaktionen bedrohlich erlebte Situationen aushalten können. Trotz der Angst handeln zu lernen, ist das entscheidende Motto. Hierzu diese Übungen:

Die Augenrollübung
Denken Sie an Ihre Angst und rollen Sie gleichzeitig Ihre Augen abwechselnd links- und dann rechtsherum.

Die Einmaleins-Übung
Denken Sie an Ihre Angst und sagen Sie gleichzeitig die Siebenerreihe im Einmaleins (7, 14, 21 ...) oder irgendeine andere auf.

Die Alphabetübung
Sprechen Sie während Ihrer Angst gleichzeitig das Alphabet von A bis Z vor sich hin. Versuchen Sie es rückwärts.

Die Teppichübung

Stoppen Sie den Angstanfall, indem Sie sich auf die Gegenstände in Ihrem Umfeld konzentrieren. Beschreiben Sie diese laut oder leise. Was genau sehen Sie? Welche Qualitäten haben diese Gegenstände? Aus welchem Material bestehen Sie? Welche Farben nehmen Sie wahr? Teppiche mit Mustern oder Wandbilder eignen sich dafür besonders gut, da es einige Zeit dauert, bis Sie alle Einzelheiten wahrgenommen und benannt haben. Diese Übung können Sie auch durchführen, wenn sich der Angstanfall auf der Straße ankündigt. Suchen Sie ein Werbeplakat oder irgendeinen Text an einer Hauswand, auf den Sie sich konzentrieren können, um sich von der Angst abzulenken.

Die Bleistiftübung

Diese Übung hilft Ihnen, wenn Ihre Hände zu zittern beginnen. Nehmen Sie einen Stift zur Hand und drehen und wenden Sie ihn hin und her. Üben Sie mit Ihren Fingerkuppen Druck auf den Stift aus, den Sie wieder lockern. Spannen Sie dabei die Finger an und lassen Sie den Druck wieder los. Lenken Sie Ihre gesammelte Aufmerksamkeit auf den Stift und beobachten Sie, wie er sich in Ihren Händen dreht. Drehen Sie ihn schneller und auch wieder langsamer. Nehmen Sie dabei eine aufrechte Körperhaltung ein, damit Ihr Atem frei fließen kann.

Die Schulung des Handelns

Welche Assoziationen weckt das Wort »Kreativität« bei Ihnen? Denken Sie etwa an einen kunstvoll angelegten Garten, an das Ausprobieren eines komplizierten Strickmusters, oder bezieht es sich nur auf künstlerische Tätigkeiten, wie das Malen eines Bildes oder das Anfertigen eines Mosaiks? Engen Sie den Begriff der Kreativität bitte nicht zu sehr ein. Kreativität – wörtlich übersetzt: Schöpferkraft –, die Fähigkeit fantasievollen Gestaltens, ist das wichtigste Hilfsmittel, aktiv zu handeln und aus der lähmenden Hilflosigkeit herauszugelangen. Schöpferische Fantasie ist gefragt im Umgang mit Problemen. Sie lässt ungewöhnliche Lösungswege hervortreten. Jeder künstlerische Akt ist ein Sich-Vortasten in Unbekanntes. Schöpferisches Tun setzt sich aus vielen kleinen Einzelschritten zusammen. Es bedeutet die Bewältigung von Unsicherheiten und Ungewissheiten. Ob das Endprodukt tatsächlich so wird, wie man es sich anfangs erdacht hatte, ist nicht vorhersehbar. Kreativität fordert und fördert die Konzentration auf den gegenwärtigen Augenblick. Durch bildliche Darstellungen lassen sich komplizierte Zusammenhänge und Gefühle eindrucksvoller darstellen und auch erschließen als nur mit Worten. Zeichnen und Malen als Form der Selbsthilfe kann bewirken, mit einfachen Mitteln Zugang zu Ihrer Innenwelt zu finden. Im schöpferischen Tun können Sie sich konkret erfahren, sich ganz bewusst mit sich selbst auseinandersetzen und Wandlungsprozesse einleiten.

Die Blickpunktveränderung

Nehmen Sie ein großes Blatt Papier und Malstifte zur Hand (am besten Wachsmalkreiden). Malen Sie mit Ihrer nicht dominanten Hand ganz spontan ein Bild zum Thema »Meine Angst«. Nehmen Sie dann ein zweites Blatt und geben Sie Ihrem Bild den Titel »Meine innere Stärke«. Malen Sie mit Ihrer dominanten Hand ein Bild zu diesem Thema. Vergleichen Sie beide Bilder und notieren Sie Ihre Erfahrungen und Einfälle in Ihrem Handlungstagebuch.

Die Collagentechnik

Diese Übung eignet sich besonders gut für ein verregnetes Wochenende. Machen Sie eine Collage. Schneiden Sie dazu aus alten Zeitschriften Bilder und Textstellen aus, die Ihre Gefühle der Angst und Hilflosigkeit widerspiegeln. Lassen Sie die Collage ganz spontan entstehen, ohne viel dabei zu denken. Gestalten Sie gleich anschließend ein zweites Bild, das Sie »Mut- oder Heilcollage« nennen können. Kleben Sie dort all die Bilder auf, die Ihnen das Gefühl vermitteln, positiver Gestalter Ihrer Gegenwart zu sein. Suchen Sie in Ihrer Wohnung einen geeigneten Platz, an dem Sie Ihre Kunstwerke aufhängen können. Lassen Sie beide Bilder auf sich wirken. Sie geben Ihre Realität wieder. Sie haben zwar Ängste, sind jedoch auch ein mutiger Mensch, der sich aktiv mit der Bewältigung noch bestehender Ängste auseinandersetzt. Machen Sie sich ein Kompliment! Sie zeigen die Bereitschaft zu handeln und setzen sich aktiv für Ihren Heilungs- und Genesungsprozess ein.

Betrachten Sie eine weiße Wand

Setzen Sie sich in einiger Entfernung vor eine weiße Wand oder schauen Sie auf ein großes, weißes Blatt Papier. Betrachten Sie ganz ruhig die weiße Fläche. Atmen Sie ruhig ein und aus und stellen Sie sich vor, gedankenleer zu werden. Alles um Sie herum verliert an Bedeutung. Nur die Gegenwart zählt, die weiße Leere. Stellen Sie sich nun auf der weißen Fläche verschiedene geometrische Formen vor, wie etwa einen Kreis, ein Quadrat oder auch eine Pyramide. Malen Sie diese Form in Gedanken mit schwarzem Stift auf. Sie schulen durch diese Übung Ihre Konzentrationsfähigkeit.

Das Angstthermometer

Basteln Sie Ihr eigenes Angstthermometer. Ähnlich wie ein Thermometer die Zimmer- oder Außentemperatur anzeigen kann, soll Ihr Angstthermometer die Intensität Ihrer jeweiligen Angst- und Hilflosigkeitsgefühle messen. Ihr Angstthermometer sollte zehn Abstufungen haben. »0« bedeutet, dass Sie völlig angstfrei sind, und »10«, dass Sie vor Angst »fast in Ohnmacht fallen«. Basteln Sie sich eine Schiebevorrichtung aus Pappe, um die Intensität Ihrer Angst auf dem Thermometer einstellen zu können. Es geht darum, die Gefühle der Angst differenziert wahrnehmen und bewerten zu lernen. Sie werden bemerken, dass die Ausprägung Ihrer Angst nicht immer gleich stark ist, sondern sich laufend verändert. Ähnlich wie die Temperatur fällt und steigt, verhält es sich auch mit Ihren Gefühlen. Ihr Angstthermometer kann Ihnen zukünftig Hoffnung geben, denn es wird immer wieder Momente geben, in denen Sie sich dem Wert »0« annähern.

Hier eine Anleitung, wie Sie das Angstthermometer im Alltag einsetzen können:

1. Bestimmen Sie Ihren Zahlenwert auf dem Thermometer. Wo befinden Sie sich jetzt gerade in diesem Moment?
2. Was könnten Sie konkret tun, um auf dem Thermometer eine Zahl tiefer zu sinken? Welche Person – außer Ihnen selbst – könnte Sie dabei unterstützen? Was genau würde diese Person zu Ihnen sagen, damit es Ihnen möglich wird, die »Angsttemperatur« zu senken?
3. Was müssten Sie tun, um die Situation zu verschlechtern und einen Anstieg der Angst zu provozieren? Es ist oft leichter, sich vorzustellen, wie eine Situation noch schlimmer werden könnte. Sie haben die Wahl! Sie können durch Ihre Handlungen und Ihre Gedanken die momentane Situation gestalten. Sie können konkrete Schritte einleiten, um Ihre Situation nicht

nur zu verschlechtern, sondern auch zu verbessern. Als MeisterIn Ihres Lebens haben Sie die Möglichkeit, beide Richtungen zu denken.

Durch diese Übung gewinnen Sie an Handlungssicherheit und entdecken Ideen, wie Sie sich am besten helfen könnten.

Die Wandkartenübung
Malen Sie auf ein Blatt Papier Folgendes auf:

ANGST   KRAFT

HILFLOSIGKEIT   MITTLERER BEREICH   HANDLUNG
»Ich kann mir nicht helfen«   »Ich kann etwas tun«

Wo würden Sie sich jetzt im Moment ansiedeln? Falls im mittleren Bereich, bedeutet dies, dass ein Teil in Ihnen stark genug ist, sich zu aktivem Handeln hinzuentwickeln. Finden Sie sich aber im Bereich der Hilflosigkeit wieder, so holen Sie Ihr Handlungstagebuch hervor. Schreiben Sie mindestens zehn Situationen oder Lebensbereiche auf, in denen Sie aktiv und handlungsfähig sind. Wiederholen Sie jetzt die Selbsteinschätzung. Wo würden Sie sich nach dieser Übung in der Skala einordnen? Diese Darstellung soll Ihnen künftig als Bezugsrahmen dienen: Sie tun etwas! Sie werden aktiv und erinnern sich daran, dass nur ein Weg aus der Hilflosigkeit herausführt, und das ist der Weg der Aktion, der Aktivität und der Handlung!

Eine sichtbare Abbildung dieser Art lässt Sie das Ziel nicht aus den Augen verlieren. Es hält Ihre Motivation aufrecht. Stecken Sie eine Nadel genau dorthin, wo Sie sich in Ihrer momentanen

Lebenssituation befinden. Überprüfen Sie in der Folgezeit öfter einmal, ob Sie sich noch am gleichen Platz einordnen würden oder ob sich Ihre Selbsteinschätzung weiter in Richtung Handlungsfähigkeit bewegt hat. Verzeihen Sie sich auch mögliche Rückfälle! Sie befinden sich in einem Wachstumsprozess. Jedes Mal, wenn Sie Gefühle von Hilflosigkeit und Angst überkommen, haben Sie die Chance zu erkennen, welche Handlungen Sie wo, bei wem und wann unterlassen haben. Jedweder Ärger über Ihre Gefühlslage oder über Ihre vermeintlichen Unzulänglichkeiten steigert nur Ihre Hilflosigkeit und führt zu Handlungsunfähigkeit.

Innere Bilder (Imaginationen) als Helfer

Als Kind lebten wir in magischen Bildwelten. In unserer kindlichen Vorstellungskraft konnten Bäume zu Lebewesen werden oder Naturgeister plötzlich hinter einem Baum hervorschlüpfen. Bei Erwachsenen können innere Bilder bewusst entwickelt werden. Innere Bilder (Imaginationen) haben Kraft. Sie können unser Leben nachhaltig beeinflussen. Die aktuelle Gehirnforschung weist darauf hin, dass Vorstellungsbilder spezifische neuronale Erregungsmuster im Gehirn auslösen. Je öfter wir ein Bild aktivieren, desto stabiler werden die sich neu bildenden Bahnen. Für Sie bedeutet dies, dass Sie sich durch die Imagination auf zukünftige Handlungen vorbereiten können. Sie trainieren in Ihrer Vorstellung positive Wirklichkeiten und in Ihrem Gehirn bahnen sich neue Wege. Sie stellen sich auf eine positive Entwicklung ein und steigern somit Ihr Wohlbefinden. Innere Bilder tragen zur Entspannung bei und fördern die Fähigkeit, sich nach innen zu wenden.

Experimentieren Sie mit den nachfolgenden Übungen. Sie können diese sich selbst laut und langsam vorlesen und dabei aufnehmen, um sie später auf Ihren iPod oder Ihr iPhone zu übertragen. Hören Sie die Texte dann zu Hause oder unterwegs in für Sie passenden Momenten an. Der gesprochene Text unterstützt Sie dabei, Ihre Vorstellungskraft zu entfalten. Lassen Sie alle Bilder zu und nehmen Sie die Assoziationen an, die sich spontan einstellen.

Imaginationen sind wirkungsvoll:

- Die für das Angsterleben typischen Katastrophenfantasien gleichen negativen Vorstellungsbildern. Diesen kann durch positiv gestaltete Imaginationen begegnet werden.
- Vorstellungsbilder können beruhigend und entlastend wirken. Stresshormone werden abgebaut und der Blutdruck sinkt. Gestärkt durch ein positives inneres Bild haben Sie mehr Kraft, den Alltag zu bewältigen.
- Sie nehmen Kontakt mit Ihrer inneren Weisheit auf. In der Imagination stellen sich oft unerwartete Lösungen ein. Sie werden zum Experten für Ihre persönliche Situation.
- Die Imagination fördert das Selbstvertrauen. Sie entdecken durch innere Bilder unerwartete Schätze. Das können sich spontan einstellende Ideen, Botschaften oder stärkende innere Bilder sein, die Ihnen die Kraft geben, schwierige Situationen anders als bisher anzugehen.
- Im inneren Bild werden Sie aktiv. Sie handeln und bereiten sich somit auf die positive Ausgestaltung von Handlungen in der Realität vor.

Testen Sie Ihre Vorstellungskraft: Entspannen Sie sich auf die Ihnen vertraute Art und Weise. Schließen Sie die Augen und stellen Sie sich einen roten Tiger vor, der einen langen, blauen Schwanz hat. Oder einen grün-weiß gestreiften Papierdrachen, der in den wolkenreichen Himmel aufsteigt. Sicherlich wird Ihnen eine dieser Vorstellungen gelungen sein!

Innere Bilder und Vorstellungen stellen sich leichter in entspanntem Zustand ein. Bilder lassen sich nicht erzwingen. Erwarten Sie nicht zu viel von sich! Innere Bilder sind nicht so konkret wie das, was Sie real wahrnehmen. Sie können auch Gedanken beinhalten, die Sie sich bildhaft ausmalen. Jeder Mensch »bildert« anders. Ihre Bilder können entweder in schneller Abfolge geschehen oder sich ganz langsam entfalten. Sie können bunt und üppig oder ganz farblos sein. Auch wenn es Ihnen anfangs womöglich nicht so gut gelingen sollte, innere Bilder entstehen zu lassen, so können Sie mit der Zeit lernen, Ihr inneres Sehen wieder zur Entfaltung zu bringen.

Um bestmögliche Entspannung zu erzielen, können Sie verschiedene Techniken anwenden:

- Zählen Sie mit geschlossenen Augen langsam von 10 bis 1 und atmen Sie dabei gleichmäßig ein und aus. Konzentrieren Sie sich dann auf die von Ihnen gewählte Übung und das in der Übung angebotene Thema.

- Es empfiehlt sich, einige der Übungen aufzunehmen, um nicht durch das Lesen abgelenkt zu werden. Sie können sich den aufgenommenen Text dann auf Ihrem iPhone oder iPod vor dem Einschlafen oder in anderen Situationen, in denen Sie loslassen und entspannen können, anhören.

- Verknüpfen Sie die Imaginationsübung mit dem Hören guter Musik. Viele Stücke von Bach folgen einer klaren Struktur und sind besonders gut geeignet, die Imagination anzuregen.

- Fixieren Sie einen Punkt im Raum, bis dieser allmählich zu verschwimmen beginnt. Es wird Ihnen dann leichtfallen, die Augen »wie von selbst« zu schließen.

- Machen Sie in schneller Abfolge die Augen mehrmals auf und zu, bis Sie keine Lust mehr haben, die Augen offenzuhalten, und Sie sich auf Ruhe und Entspannung einstellen möchten. Lassen Sie dann innere Bilder ganz absichtslos kommen und gehen. Sie können den Prozess vertiefen, wenn Sie sich Fragen stellen und darauf achten, welche Bildsequenzen sich dann spontan einstellen.

- Hören Sie sich eine CD mit Meeresrauschen an.

- Halten Sie ein Foto oder eine Postkarte mit einem schönen Landschaftsbild in den Händen. Stellen Sie sich vor, Sie seien genau dort. Schließen Sie die Augen und folgen Sie den Bildern und Gedanken, die sich dann leicht einstellen.

Entspannungs- und Imaginationsübungen können womöglich die Angst anfänglich etwas steigern, bis sie zur Gewohnheit geworden sind. Sollte dies bei Ihnen der Fall sein, gibt es sehr einfache Methoden, jederzeit wieder in den klaren Wachzustand zurückzufinden.

- Öffnen Sie hin und wieder die Augen und sehen Sie sich in dem Raum um, in dem Sie sich befinden.
- Bewegen Sie Arme und Beine ein wenig und spannen Sie die Muskeln etwas an.
- Zählen Sie langsam von 1 wieder bis 10. Beenden Sie die Übungen bitte stets langsam. Keinesfalls abrupt! Sie befinden sich in einer Tiefenentspannung. Zu schnelles Zurückkommen kann Schwindel und Unwohlsein hervorrufen. Lassen Sie sich von Anfangsschwierigkeiten nicht entmutigen. Gerade in der Stille der Entspannung können unangenehme Gefühle noch deutlicher hervortreten. Diese Gefühle sind wie Botschaften aus dem Unbewussten, die darauf hinweisen, dass sie bejaht werden möchten.

Einübung in die Tagtraumtechnik

Konzentrieren Sie sich auf jede der folgenden Anweisungen und lassen Sie sich Zeit. Setzen oder legen Sie sich bequem hin, schließen Sie die Augen und beginnen Sie nun:

- Stellen Sie sich eine idyllische Landschaft vor.
- Stellen Sie sich vor, Sie beobachten einen Sonnenaufgang oder einen Sonnenuntergang.
- Erinnern Sie sich an einen Ort, an dem Sie als Kind am liebsten Ball gespielt haben. Stellen Sie sich diesen Ort ganz genau vor.
- Stellen Sie sich die Worte »Ruhe« und »Kraft« mit goldenen Buchstaben auf einer Tafel geschrieben vor.
- Malen Sie in der Vorstellung ein Tier und stellen Sie sich dieses in seiner natürlichen Umgebung vor.
- Stellen Sie sich störende Gedanken wie kleine Steine vor, die Sie in einen See werfen. Sie bilden kreisrunde Wellen, bis sich die Wasseroberfläche wieder beruhigt hat. Erlauben Sie sich, das Spiel der Wellen zu beobachten.
- Zünden Sie eine Kerze an. Stellen Sie sie auf den Boden. Setzen Sie sich in aufrechter Haltung bequem davor hin. Konzentrieren Sie sich auf das Licht der Flamme. Geben Sie sich zehn Minuten Zeit, in das Kerzenlicht zu sehen, und schließen Sie dann die Augen. Machen Sie sich bereit, auch mit geschlossenen Augen das Licht der Kerzenflamme zu imaginieren, und achten Sie darauf, wie sich das für Sie anfühlt.

Der innere Bildschirm

Als wirkungsvolle Technik hat sich der Einsatz eines »inneren Bildschirms« erwiesen, den Sie nach Ihren eigenen Wünschen und Bedürfnissen gestalten können. Der innere Bildschirm ist Ihre geistige Kinoleinwand, mit der Sie die Fähigkeit des Imaginierens entwickeln und verfeinern können. Auf dieser Leinwand können Sie all das abbilden, was Ihrer Weiterentwicklung dient. Sie können sich jedwede Situation vorstellen und diese im Sinne eines Probehandelns in der Fantasie so lange üben, bis Sie sich trauen, auch in der Realität aktiv zu werden. Ihr innerer Bildschirm ist der Vorbereitungsort für nachfolgende Aktionen. Neue Verhaltensweisen können durchdacht, durchgespielt und ausprobiert werden.

Wer in der Öffentlichkeit sicher sprechen möchte, kann sich auf seinem inneren Bildschirm schon in souveräner Rednerpose sehen. Wer etwa Fahrten in der S-Bahn oder Aufzugfahrten fürchtet, sollte sich auf seiner geistigen Leinwand vorstellen, wie er/sie diese Herausforderung ruhig und gelassen bewältigen kann.

Gestalten Sie sich jetzt Ihren inneren Bildschirm. Schließen Sie die Augen. Richten Sie den Blick leicht nach oben (links oder rechts) und rahmen Sie dort eine Fläche ein, die Ihnen zukünftig als geistige Leinwand dienen soll. Sie können auf dieser Leinwand

- hilfreiche Gedanken aufschreiben und bei Bedarf wie mit einem Zoom vergrößern;
- Situationen positiv durchspielen;
- neues Verhalten erproben.

Ziehen Sie einen Rahmen um Ihren Bildschirm. Das hat für das Unterbewusstsein eine wichtige Funktion. Sie schaffen damit einen konkret abgrenzbaren Bereich, in dem positive Handlungen und Vorstellungen möglich werden. Ihren Bildschirm können Sie vielfältig nutzen, um zum Beispiel dort geistig in roter oder goldener Schrift stärkende Sätze aufzuschreiben. Probleme und Situationen des Versagens haben auf Ihrer geistigen Leinwand nichts zu suchen. Wenn sich eine negative Vorstellung auf Ihrer geistigen Leinwand festsetzen möchte, so stellen Sie sich vor, diese aus dem Rahmen zu schieben oder mit einem Tuch auszuwischen.

Selbstbeobachtung in der Imagination

Stellen Sie sich vor, dass Sie eine Filmsequenz über einen Ihrer letzten Angstanfälle auf einer Großbildleinwand sehen. Wie sehen Sie aus? Wie ist Ihre Körperhaltung und wo genau befinden Sie sich? Das Besondere dieses Filmes ist, dass Ihre Gedanken, die sonst niemand sehen kann, wie in einem Comicfilm als Sprechblasen über Ihrem Kopf erscheinen. Beobachten Sie den Film über diese Person, die Sie selbst sein sollen, mit Abstand. Stellen Sie sich dann vor, dass dieses Bild immer kleiner und farbloser wird. Entscheiden Sie jetzt, ob Sie sich weiterhin so fühlen und verhalten möchten wie jene Person, die Sie gerade vor sich sehen.

Beschließen Sie nun, diesen Film abzustellen, und laden Sie ein anderes Programm. Sehen Sie sich als mutige und handlungsfähige Person in Großbildform. Diese Person, die jetzt dort erscheint, trägt die Kleidung, die Sie gerne an sich mögen, hat eine aufrechte Körperhaltung und kommt mit den Gegebenheiten des Lebens gut zurecht. Nehmen Sie sich Zeit für diesen positiven Tagtraum! Welche Erfolge hat diese Person, welche Komplimente bekommt sie? Welche angenehmen Tätigkeiten führt die Person gerade aus? Lassen Sie wieder Sprechblasen erscheinen, die mit Worten und Sätzen gefüllt sind, die gut zu einer mutigen Person passen. Geben Sie sich ganz diesen angenehmen Bildern und Vorstellungen hin. Stellen Sie sich zum Abschluss der Übung vor, die positive Sequenz festzuhalten und ein »geistiges Foto« davon zu machen.

Der innere Beobachter

Sie bestehen nicht nur aus Angst. Neben Ihren Gefühlen von Angst und Hilflosigkeit haben Sie vernünftige, wissende, beobachtende und handlungsfähige innere Anteile. Diese starken Teile sollen im Folgenden als Ihr »intuitiver innerer Beobachter« bezeichnet werden. Der innere Beobachter ist der Vernünftige, der Beratende, der Tröstende und der Ermutigende. Er ermöglicht, unangenehme Situationen aus einem anderen Blickwinkel heraus zu betrachten und neue Sichtweisen zu entwickeln. Er erlaubt, aus negativen Denkmustern herauszutreten und konstruktiv handelnd an die Lösung von Problemen heranzugehen. Sie können Ihren inneren Beobachter auch systematisch schulen.

Eine ganz besondere Seite des inneren Beobachters ist, dass er den Aspekt der inneren Weisheit verkörpert. Jeder Mensch verfügt über solche Weisheit. Atmung, Herzschlag und andere vegetative Prozesse werden durch die – nicht bewusste – Weisheit des Körpers aufrechterhalten. Im Alltag beweisen Sie in der Regel großes Vertrauen. Das Brot, das Sie beim Bäcker gekauft haben, essen Sie ohne Argwohn, es könne vergiftet sein. Sie vertrauen darauf, dass andere Verkehrsteilnehmer wissen, wie die Bremse ihres Fahrzeuges zu betätigen ist. Sie vertrauen und verlassen sich auch darauf, dass Züge dorthin fahren, wo sie gemäß Fahrplan ankommen sollten. Ganz selbstverständlich gehen Sie davon aus, eingenommene Medikamente würden helfen, Sie zu kurieren. Sie sind vertrauensfähig.

Übertragen Sie diese Fähigkeit auch auf andere Lebensbereiche. Hören Sie auf Ihre innere Weisheit, denn sie ist die Quelle positiver Eingebungen, Gedanken und Fantasien. Aus ihr schöpfen Sie ganz spontan Lösungen für Probleme, an denen der Verstand schon länger »herumgeknobelt« hat. Nehmen Sie sich Zeit, in Kontakt mit Ihrer inneren Weisheit zu treten. Schreiben Sie auf ein Blatt Papier fünf persönliche Fragen, die Sie gerne beantworten möchten. Schließen Sie dann die Augen und lassen Sie Bilder und Sätze aus dem Unbewussten aufsteigen. Sitzen Sie einfach nur da, lassen Sie Ihren Atem ruhig fließen und beobachten Sie den Strom Ihrer Gedanken und Empfindungen. Ihre innere Weisheit muss nicht logisch und in grammatikalisch korrekten Sätzen antworten. Sie kann sich auch als »gefühlte« Empfindung mitteilen. Reservieren Sie täglich einige Minuten, um mit Ihrer inneren Weisheit in Dialog zu treten. Sie können ihr Fragen stellen, dann die Augen schließen und auf mögliche Antworten lauschen. Je öfter Sie dies ausprobieren, desto wahrscheinlicher empfangen Sie positive Botschaften, denen Sie trauen können. Sie entstehen spontan und sind Ausdruck einer intuitiven und kreativen Quelle, die in Ihnen nach einiger Übung zu sprudeln beginnt.

Probieren Sie bei der nächsten anstehenden Entscheidung Folgendes aus: Schreiben Sie die Frage, die Sie beschäftigt, auf ein Blatt Papier. Legen Sie dieses auf Ihren Schoß. Schließen Sie dann die Augen und legen Sie die Hände übereinandergefaltet auf Ihren Bauchraum. Lassen Sie sich Zeit! Warten Sie ruhig ab und registrieren Sie die sich einstellenden intuitiven Eingebungen.

Der Ratgeber/die Ratgeberin

Ihre innere Weisheit kann für Sie greifbar werden, wenn Sie sich eine Symbolgestalt erschaffen, die in der Imagination sprechen, Fragen beantworten und sich bewegen kann.

Setzen Sie sich in einen bequemen Stuhl. Schließen Sie die Augen und atmen Sie ruhig und gleichmäßig, bis Sie sich ganz entspannt fühlen. Stellen Sie sich vor, auf einer Sommerwiese mit blühenden Blumen zu sein. Sie sitzen auf dieser Wiese und fühlen, wie sich Wärme, Wohlbehagen und Ruhe in Ihnen ausbreiten. Über die Wiese führt ein Pfad. Bitten Sie nun Ihren Ratgeber/Ihre Ratgeberin, Ihnen auf diesem Pfad entgegenzugehen. Ganz hinten können Sie schemenhaft eine Gestalt erkennen, die langsam näherkommt. Sie erkennen, dass es sich vielleicht um ein Lebewesen handelt, vielleicht ein Krafttier oder eine freundlich wirkende Person. Sehen Sie sich diese Gestalt genauer an. Ist sie männlich oder weiblich? Was strahlt sie aus? Wie fühlen Sie sich in ihrer Gegenwart? Falls Sie irgendwelche unangenehmen Gefühle haben, verabschieden Sie diese Gestalt und bitten Sie um ein anderes Ratgeber-Wesen, das sich nun in Ihrem inneren Bild zeigen kann.

Wiederholen Sie diese Übung, bis Sie den richtigen Ratgeber gefunden haben, bei dem Sie sich rundum geborgen und sicher fühlen. Fragen Sie sie/ihn nach ihrem/seinem Namen und bitten Sie um Hilfe und Unterstützung bei der Lösung von Schwierigkeiten. Führen Sie ein richtiges Gespräch, stellen Sie Fragen und hören Sie genau auf die Antworten. Unterhalten Sie sich mit Ihrem inneren Ratgeber wie mit Ihren besten Freunden. Notieren Sie Ihre Erfahrungen in Ihrem Handlungstagebuch.

Der inneren Weisheit eine Form geben
Nehmen Sie sich für diese Übung genügend Zeit. Sorgen Sie dafür, nicht gestört zu werden. Nehmen Sie eine bequeme Sitzhaltung ein und atmen Sie ruhig und gelassen. Beobachten Sie Ihren Atem, wie er ein- und ausströmt, wie die Brust sich hebt und senkt. Wenn Sie das Gefühl angenehmer Entspannung haben, bitten Sie Ihre innere Weisheit, sich bildhaft darzustellen. Bleiben Sie beim ersten Einfall. Es kann dies eine Blume sein, ein Kristall, eine Pyramide, aber auch ein Tier oder eine Person. Auch eine Märchenfigur, wie etwa die gute Fee oder der weise Zauberer, kann sich einstellen. Die Bilderwelt jedes Menschen ist einzigar-

tig. Ist der Kontakt mit Ihrer inneren Weisheit gelungen, so malen Sie die Form/das Symbol, das sich eingestellt hat, auf. Vielleicht finden Sie auch eine Abbildung Ihres Symbols (eine Postkarte oder den Gegenstand selbst). Geben Sie Ihrer Zeichnung oder dem Gegenstand einen besonderen Platz in Ihrem Schlafzimmer oder an Ihrem Schreibtisch. Ihr Unterbewusstsein wird so immer wieder daran erinnert, dass Sie Zugang zu Ihrer inneren Weisheit gefunden haben und dass Sie über all die Fähigkeiten verfügen, die Sie zu Ihrer Selbsthilfe benötigen.

Das Herz der inneren Weisheit

Besorgen Sie sich ein Stück Wolle und legen Sie es in Herzform auf den Boden. Das Herz sollte so groß sein, dass Sie bequem hineinsteigen können. Stellen Sie sich nun außerhalb Ihres Wollherzens hin und formulieren Sie laut einen Ihrer zentralen Angstgedanken. Hören Sie sich selbst ganz bewusst zu. Dann treten Sie in das Herz Ihrer inneren Weisheit hinein. Schließen Sie die Augen und bitten Sie Ihre innere Weisheit, Ihnen einen hilfreichen Gedanken oder ein heilendes Bild zu schenken. Warten Sie geduldig ab, bis ein Satz, ein Wort, ein Bild auftaucht. Bisweilen ist es auch nur eine Farbe. Nehmen Sie auch dies als Geschenk Ihrer inneren Weisheit. Atmen Sie in Gedanken diese Farbe ein. Es ist Ihre Heilfarbe.

Wenn Sie Spaß an dieser Übung finden, können Sie mehrere Ihrer angstauslösenden Gedanken durchgehen und Ihre innere Weisheit dazu befragen. Notieren Sie Ihre Erfahrungen in Ihrem Handlungstagebuch und achten Sie darauf, dass Sie die Empfehlungen Ihrer inneren Weisheit auch im Alltag beachten und – soweit wie möglich – umzusetzen beginnen.

Die Farbenergie-Übung

Schließen Sie die Augen. Bitten Sie Ihre innere Weisheit, Ihnen die Farbe zu schicken, die Sie im Moment am nötigsten brauchen. Eine Farbe, die Ihnen helfen kann, sich zu beruhigen und mit Ihrer inneren Stärke in Kontakt zu treten. Lassen Sie die Farbe ganz einfach aus Ihrem Inneren emporsteigen. Stellen Sie sich vor, eine Märchenwolke in ebendieser Farbe hülle Sie beruhigend und tröstend ein. Sie können sich in dieser Wolke rundum geborgen und wohlfühlen. Schöpfen Sie Kraft aus der Schwingung dieser Farbe. Es kann sein, dass sich die Farbe verändert und in eine andere überwechselt. Lassen Sie es ruhig geschehen. Farben haben Heilwirkung.

Bauen Sie unsichtbare Hilfsmauern auf

Imaginationen können auch in sozialen Situationen hilfreich sein. Stellen Sie sich eine reale Person vor, in deren Anwesenheit Sie sich ängstlich oder hilflos fühlen. Entwickeln Sie nun in der Vorstellung verschiedene Vorgehensweisen:

- Stellen Sie sich vor, Sie hätten einen Schutzschild, den Sie zwischen sich und die betreffende Person schieben können.
- Bauen Sie eine unsichtbare Mauer zwischen sich und dem anderen auf.
- Installieren Sie eine Glasscheibe zwischen sich und dem anderen. Sie können die Person zwar sehen, sind jedoch hinter dem Glas geschützt.
- Ziehen Sie in der Vorstellung eine (bequeme) Ritterrüstung an.
- Denken Sie sich ein Tier aus, das dicht bei Ihnen steht und Sie beschützt. Lassen Sie nun die Person, in deren Anwesenheit

Sie sich bisher unsicher gefühlt haben, in der Fantasie auf Sie zutreten. Sie befinden sich in dem Kraftfeld Ihres Schutztieres, das Sie – falls nötig – verteidigen kann. Vertiefen Sie sich in diese Vorstellung, und Sie werden bemerken, dass diese Übung in der Realität hilfreich ist, um sich in Kontakt mit anderen besser abgrenzen und durchsetzen zu können.

◻ Legen Sie sich mit geschlossenen Augen ausgestreckt auf den Boden. Atmen Sie gleichmäßig und verbinden Sie mit jedem Atemzug die Vorstellung, die einströmende Luft lege sich schützend über Sie, über Ihr Herz und Ihre Organe. Mit der ausströmenden Luft befördern Sie Ballast aus Ihrem Körper. Atmen Sie so lange, bis Sie sich vollkommen entspannt fühlen.

Die Angst als lebendes Wesen

Jedes Gefühl hat eine Empfindungsqualität, die man beschreiben kann. Angst könnte zum Beispiel dunkel, kalt, schwer, niederdrückend und hässlich empfunden werden. Hilflosigkeit könnten die Worte gebückt, schwach und zittrig zugeordnet werden.

Stellen Sie sich jetzt Ihre Angst als Fantasiewesen vor. Wie sieht dieses Wesen aus? Welche Gestalt nimmt es an? Spielen Sie bei dieser Übung mit fantasievollen Gedanken. Alles darf sein! Treten Sie nun geistig in Kontakt mit dem von Ihnen in der Imagination erschaffenen Angstwesen. Machen Sie diesem Wesen irgendein Geschenk. Möglicherweise wünscht es sich eine tröstende Berührung, einen aufmunternden Satz oder einen warmen Händedruck. Das von Ihnen erschaffene Wesen unterstützt Sie dabei, sich mit Ihrer Angst anzufreunden und aktiv die Verantwortung für die Selbsthilfe zu übernehmen. Treten Sie so mit Ihrer Angst in Kontakt, nehmen Sie sich selbst an der Hand und

gleichen Sie dadurch etwas aus, das nur Sie selbst sich geben können. Die Stärke der Angstbewältigung wächst in Ihrem Inneren,
und sie nimmt zu, wenn Sie mutig den Gefühlen begegnen, die
Sie eigentlich abwehren und nicht haben möchten.

Die nachfolgende Übung ist ähnlich aufgebaut. Finden Sie heraus, welche von beiden Übungen für Sie besser geeignet ist.

Die Ich-kann-nicht-Person als Wesen

Stellen Sie sich nun den Gedanken »Ich kann nicht« als lebendes
Wesen vor. Wie groß wäre dieses Wesen? Würde es sich um ein
Tier oder um einen Menschen handeln? Falls es sich um einen
Menschen handelt: Welche Kleidung würde er tragen und welche
Körperhaltung würde er einnehmen? Lassen Sie ein Bild dazu
entstehen. Wenn Sie sich dieses Wesen gut vorstellen können, so
bitten Sie es, sich umzudrehen. Es soll Ihren Wohn-, Arbeits- und
Freizeitbereich verlassen und woanders hingehen. Bitten Sie dieses Wesen darum, sich irgendwo an einen schönen Platz zu begeben, an dem viel Licht und Sonne vorhanden ist. Die Vorstellung
von Licht und Wärme führt zu positiven Assoziationen. Der Gedanke »Ich kann nicht« gehört gewissermaßen zu Ihren Schat-
tengestalten, und wenn Sie diese Gestalt woanders hinschicken,
haben Sie mehr Raum für neue Ideen.

Beenden Sie die Übung durch die Vorstellung, dass Sie mit Ihrem Atem Sonnenlicht aufnehmen und sich dieses heilend in Ihrem ganzen Körper ausbreiten kann. Jede Zelle Ihres Körpers kann
auftanken und sich reinigen. Denken Sie hierbei auch daran, dass
die Sonne Wärme spendet und zum Pflanzenwachstum beiträgt.
C. G. Jung sah in der Sonne ein Symbol, das die Quelle des Lebens
repräsentiert und den Menschen zur Ganzheit führen kann.

Die Elternfantasie-Übung

Schließen Sie die Augen. Treten Sie einen Schritt zurück und stellen Sie sich vor, in den Körper Ihrer Mutter (Ihres Vaters) hineinzuschlüpfen. Wie fühlt sich dieser Schritt für Sie an? Leicht und angenehm oder unangenehm und bedrohlich? Tauchen eher negative, neutrale oder positive Gefühle auf? Nehmen Sie sich Zeit, die aufsteigenden Gefühle und Gedanken zu spüren. In welchen Situationen waren Ihre Eltern ängstlich und hilflos, kamen mit schwierigen Umständen nicht zurecht? Schreiben Sie in Ihrem Handlungstagebuch all das auf, was Ihnen einfällt. Überlegen Sie, welche Meinungen und Einstellungen Ihrer Eltern Sie bisher ungefragt übernommen und zu Ihren eigenen gemacht haben.

- Wie ist Ihre Mutter mit den Schwierigkeiten des Lebens fertig geworden?
- Wie hat sie sich in schwierigen Situationen verhalten?
- Wie würden Sie die Lebenseinstellung Ihrer Mutter/Ihres Vaters bezeichnen?
- Welche Gedanken sind in den Köpfen Ihrer Eltern überwiegend abgelaufen?
- Welche davon haben Sie möglicherweise übernommen?

Schreiben Sie die Erfahrungen aus dieser Übung in Ihr Handlungstagebuch. Notieren Sie

- angstauslösende Überzeugungen, die Sie selbst haben;
- vermutete angstauslösende Überzeugungen Ihrer Mutter;
- vermutete angstauslösende Überzeugungen Ihres Vaters.

Treten Sie nun einen weiteren Schritt zurück und schlüpfen Sie in Gedanken in den Körper der Großmutter (des Großvaters) hinein.

Achten Sie auf die Gefühle, die jetzt auftauchen. Wie unterscheiden sich diese im Vergleich zum ersten Teil der Übung? Machen Sie diese Übung auch dann, wenn Sie Ihre Großmutter nicht mehr lebend kannten, und warten Sie ab, ob irgendwelche Gefühle und Assoziationen auftauchen. Beantworten Sie nun die gleichen Fragen wie oben. Greifen Sie sich die Überzeugung heraus, von der Sie sich am meisten beeinträchtigt fühlen. Streichen Sie sie mit Rotstift durch. Jedes Mal, wenn Sie sich künftig bei einem Gedanken ertappen, der in Zusammenhang mit dieser Überzeugung steht, stellen Sie sich vor, Sie hätten Ihren Rotstift dabei. Stellen Sie sich weiter vor, dass Sie diesen Satz durchstreichen und nun mit ganz großen Buchstaben quer darüber die Worte schreiben: »Ich lösche« oder »Ich verändere«. Halten Sie den positiven Befehl, den Sie sich selbst erteilen, möglichst kurz, damit Sie sich diesen besser einprägen können.

Die Eisenbahnübung

Stellen Sie sich einen Zug vor. In jedem Abteil des Zuges sitzt einer Ihrer Angstgedanken. Wie viele Waggons hätte Ihr Zug jetzt? Damit Sie sich ein konkretes Bild über Ihre zahlreichen Angstgedanken machen können, sollten Sie eine Abbildung dieses Zuges aufmalen und in jedes Kästchen – das synonym für ein Zugabteil stehen könnte – einen Angstgedanken hineinschreiben.

Beispiel einer Abbildung:

| Ich werde versagen | Ich werde zu stottern beginnen. | Die Ängste werden immer schlimmer. | Hoffentlich werde ich nicht rot. |

Stellen Sie sich nun vor, dieser Zug fahre durch eine wunderschöne Landschaft. Malen Sie sich diese Landschaft in Gedanken ganz lebendig aus. Welche Jahreszeit ist es? Wie viel Uhr ist es? Da dieser Zug ein Fantasiezug ist, biegen die Gleise sich plötzlich nach oben und der Zug fährt wie auf einer Leiter hinauf zu den Wolken. Auf jeder Wolke befindet sich eine Haltestelle, einer Ihrer Angstgedanken steigt aus und Sie winken ihm zu.

Malen Sie nun einen zweiten Angstzug mit der gleichen Anzahl von Waggons in Ihr Handlungstagebuch. Überlegen Sie, welche Gedanken Sie in das nun leere Abteil hineinsetzen möchten. Formulieren Sie einen positiven Satz oder Worte wie »Freude«, »Erfolg«, »Ich kann« usw. Hängen Sie dann in Ihrer Vorstellung vor jedes Abteil ein Schild, auf dem »geheilt« steht. Das Abbild Ihres Fantasiezuges in Ihrem Handlungstagebuch wird Sie immer wieder daran erinnern, dass es neben Ihren Angstvorstellungen auch andere, hilfreichere Gedanken gibt.

Wenn Sie diese Übung öfter ausprobieren, werden Sie feststellen, dass sich Ihre Angstgedanken inhaltlich verändern. So wie Sie eine Zwiebel schälen und eine Schicht nach der anderen, Haut über Haut entfernen können, werden Sie mithilfe dieser Übung Ihre Angstgedanken ablegen und neuen Gedanken Raum geben.

Die Seifenblasenübung

Schließen Sie die Augen und atmen Sie mehrmals langsam und regelmäßig ein und aus. Denken Sie an eine Angstsituation, die Sie kürzlich erlebt haben. Stellen Sie sich nun vor, diese Situation würde in Ihrer Fantasie zu einer Seifenblase. Pusten Sie diese fort und sehen sie ihr so lange in Ihrer Vorstellung nach, bis sie immer kleiner wird und schließlich am Horizont verschwindet. Wiederholen Sie diese Übung regelmäßig und verwandeln Sie die unterschiedlichsten angstbesetzten Situationen in Seifenblasen. Sie können auch mehrere Seifenblasen auf einmal erschaffen. Diese Übung wirkt sich erleichternd aus, weil Sie vorübergehend Abstand zu Ihren Angstgefühlen gewinnen können.

Das Angstgedankenfoto

Denken Sie an einen für Sie typischen Angstgedanken. Stellen Sie sich nun vor, Sie könnten diesen Gedanken wie ein Zauberer mit seinem Zauberstab verwandeln. Welche Form bekommt Ihr Gedanke? Welcher Gegenstand oder welches Objekt würde am besten zu diesem Gedanken passen? Welche Farbe hat dieser Gegenstand? Wo würden Sie diesen Gegenstand am liebsten abstellen? Was genau könnten Sie oder jemand anderer mit diesem Gegenstand tun? Machen Sie ein »geistiges Foto« von diesem Gegenstand. Wem möchten Sie dieses Foto am liebsten zeigen?

Diese Übung bewirkt, dass Sie mit Ihren Gedanken spielerisch umgehen. Sie schulen Ihr kreatives Vorstellungsvermögen und arbeiten daran, dass sich die Fixierung auf bislang belastende Gedanken lockert und sich diese zu verändern beginnen.

Der Atem als Helfer

Im Verlauf eines Angstanfalles – vom ersten Anzeichen bis zu seinem Abklingen – spielt der Atem eine ganz wesentliche Rolle. Er steht in enger Wechselwirkung zu Ihrem Gefühlserleben. In der Entspannung wird Ihre Atmung regelmäßig und verlangsamt sich – und umgekehrt führt regelmäßiges, langsames Atmen zur Entspannung. Erregung beschleunigt den Atemfluss. »Falsches« Atmen kann zu einer Vielzahl von Störungen führen.

Bei einem Angstanfall geschieht Folgendes: Während der Erregungsphasen atmen Sie viel zu schnell (Hyperventilation) und stören damit das normale chemische Verhältnis von Kohlendioxid und Sauerstoff im Blut. Der Brustkorb verengt sich, das Zwerchfell wird nach oben gepresst und die Atemmuskulatur verkrampft sich. Der Atem verflacht und wird ungleichmäßig. Der Pulsschlag erhöht sich. Körperliche Symptome wie »weiche Knie« treten auf. Sie fühlen sich unwohl, was wiederum die Atemtätigkeit negativ beeinflusst: Ein Teufelskreis beginnt.

Hyperventilationssymptomen der beschriebenen Art können Sie begegnen, indem Sie einige Male in eine Papier- oder Plastiktüte, die Sie sich über Mund und Nase stülpen, ein- und ausatmen. Die von Ihnen dann eingeatmete kohlendioxidhaltige Atemluft führt zu einem Anstieg des Kohlensäurespiegels im Blutplasma. Der gestörte Sauerstoffhaushalt kann sich so wieder regulieren. Sanftes Atemtraining kann Ihrer Neigung zur Hyperventilation vorbeugen helfen. Die Atmung ist willentlich beeinflussbar. Als der wichtigste Atemmuskel gilt das Zwerchfell, das eine willkürliche Steuerung des Atemgeschehens ermöglicht.

Die nachfolgenden Übungen bewirken Folgendes:

- Bewusstwerdung des Atmungsprozesses: achtsames und bewusstes Ausatmen als Ausgleichsbewegung gegen das angsttypische Anhalten der Luft;
- Korrektur falscher Atmung;
- Auflösung von Atemblockierungen: Durch Einsatz der richtigen Atemtechnik kann sich der Körper regenerieren;
- positive Beeinflussung der seelischen Befindlichkeit durch den Atem.

NÜTZLICHE ANREGUNGEN

Wie atmen Sie, wenn Sie sich Sorgen machen? Machen Sie einen Test! Stellen Sie sich eine momentan angstauslösende Situation vor und beobachten Sie Ihren Atem. Atmen Sie gleichmäßig oder eher ruckartig? Flach oder tief? Atmen Sie mehr Luft ein als aus? Sind Sie kurz- oder langatmig?

Einige Atemübungen

Setzen Sie sich bequem und in aufrechter Haltung auf einen Stuhl. Schließen Sie die Augen und achten Sie auf den Fluss Ihres Atems.

Der Kraftatem

Atmen Sie einige Male ruhig ein und aus. Denken Sie dann bei jedem Ausatmen das Wort »Vertrauen«. Führen Sie die Übung einige Minuten lang durch. Das gedachte Wort beruhigt Ihren Atemrhythmus und trägt zu Ihrer inneren Sammlung bei. Üben

Sie so oft als möglich. Wenn Sie sich in einer Stresssituation befinden, atmen Sie zwei-, dreimal tief durch und denken Sie beim Ausatmen das Wort »vertraue«. Experimentieren Sie auch mit anderen Worten.

Der Ich-bin-Atem

Wandeln Sie nun die oben beschriebene Übung um und denken Sie während des Einatmens an das Wort »Ich« und in der Phase des Ausatmens an das Wort »bin«. Ihr Atem wird bei Einsatz dieser Technik tiefer und Sie wirken der oberflächlichen Angstatmung entgegen.

Die Angst-weg-Atmung

Probieren Sie diese Übung auch mit den Wörtern »Angst weg« oder »Angst weiche«, wobei Sie an das Wort »Angst« denken, während Sie einatmen, und das Wort »weg« oder »weiche« mit Ihrem Ausatmen verbinden. Die ausgeatmete Luft soll – symbolisch gesprochen – wie bei einer Reinigung all Ihre Ängste und Sorgen aus Ihrem Blutkreislauf hinaustragen. Sie können mit unterschiedlichen Wortkombinationen experimentieren, zum Beispiel auch mit den Worten »Mut kommt« oder »Stärke wächst«.

Die Mund-zu-Technik

Beim Auftreten körperlicher Angstsymptome ist es besonders wichtig, nur durch die Nase ein- und auszuatmen. Die Nasenatmung aktiviert das Zwerchfell: Sie atmen voller und der Organismus beruhigt sich. Sie können auch die flache Hand auf den Mund legen und so lange bewusst durch die Nase ein- und ausatmen, bis die körperlichen Symptome verschwunden sind.

Der Entspannungsatem

Atmen Sie langsam ein und aus. Richten Sie Ihre besondere Aufmerksamkeit auf das Ausatmen. Legen Sie nach dem Ausatmen jeweils bewusst eine kleine Pause ein. Führen Sie diese Übung mindestens fünf Minuten lang durch. Lassen Sie Ihren Atem ganz von selbst kommen und gehen.

Die Hör-dich-atmen-Übung

Hören Sie sich selbst beim Ausatmen zu! Verwenden Sie einen H-Laut oder einen Vokal. Solche Vokalatmung lockert und wirkt sich harmonisierend auf die inneren Organe aus.

Die Ein-und-aus-Technik

Dies ist eine ebenso einfache wie beruhigende Übung, die Sie überall durchführen können. Sagen Sie sich, während Sie atmen: »ein (beim Einatmen) und aus (beim Ausatmen), ein und aus, ein und aus …« Sie werden über kurz oder lang ruhiger und tiefer zu atmen beginnen. Sie werden durch diese Übung das Lebenselixier Sauerstoff deutlich spüren. Allein das ruhige Geschehenlassen Ihres Atems kann zu einer wesentlichen Minderung Ihrer Anspannung führen.

Die Wellenatmung

Der Atem geschieht wie die Brandung der Wellen, die kommen und wieder gehen. Schließen Sie die Augen und stellen Sie sich beim Einatmen vor, von einer Welle hochgetragen zu werden, und beim Ausatmen mit derselben Welle wieder hinabzusinken. Entspannen Sie sich mithilfe dieser Übung. Lassen Sie sich tragen von den Wellen Ihres Atems.

Die Atemzüge zählen

Suchen Sie sich einen Ort, an dem Sie zehn Minuten lang ungestört atmen können. Setzen Sie sich mit geschlossenen Augen auf ein Kissen oder auf den Boden und kreuzen Sie die Beine. Halten Sie Ihren Oberkörper aufrecht. Legen Sie die Hände mit den Handflächen aneinander. Atmen Sie nun gleichmäßig durch die Nase (mit geschlossenem Mund) und zählen Sie jeden Atemzug mit. Ausatmen »eins«, einatmen »und«, ausatmen »zwei«, einatmen »und« ... Wenn Sie bei »zehn« angekommen sind, zählen Sie wieder bis »eins« herunter.

Diese Übung dient der Gewöhnung an einen gleichmäßigen Atemrhythmus und fördert zudem Ihre Konzentrationsfähigkeit. Störende Gedanken, die womöglich bei dieser Übung auftauchen, werden einfach wahrgenommen – unterbrechen aber nicht den Fluss und Rhythmus des Atems.

Die Schnüffelübung

Atmen Sie entweder in freier Natur oder vor einem offenen Fenster »schnüffelnd« wie ein Hund, der eine Witterung aufgenommen hat. Atmen Sie normal aus und »schnüffelnd« wieder ein. Diese Übung fördert die Bauchatmung und bewirkt zudem, dass Sie nicht so schnell müde werden. Sie setzt enorme Energie frei.

Die Riechübung

Pflanzliche Duftstoffe und ätherische Öle beruhigen und vermögen Ängste zu lösen. Sie beeinflussen die Atmung und somit auch das Gefühlserleben. Öle wie Neroli oder Lavendel wirken nachweislich angstlösend. Besorgen Sie sich ein Aromaöl Ihres Geschmacks und tragen Sie es immer bei sich. Wenn Sie Unruhe, Angst oder Hilflosigkeit aufkeimen spüren, nehmen Sie Ihr

Fläschchen zur Hand und riechen Sie daran. Sie unterbrechen so den Angstkreislauf und ermöglichen zudem der Essenz, Ihre angstlösende Wirkung zu entfalten.

Die Gähnübung
Das Gähnen ist eine rein reflektorische Atembewegung. Es führt zu einem Ausgleich des Kohlendioxid- und Sauerstoffverhältnisses im Blut und wirkt daher entspannend. Machen Sie Gähnversuche. Sie werden bemerken, wie sich Verspannungen lösen.

Die Schaukelübung
Stellen Sie sich einen schönen Sommertag vor. Sie sitzen auf einer Schaukel und bewegen sich langsam schwingend vor und zurück. Atmen Sie beim Rückschwung ein, während Sie beim Nach-vorne-Schwingen ausatmen.

Die Seufzerübung
Seufzen Sie einmal ganz bewusst und absichtlich! Versuchen Sie es so tief und ausgiebig wie irgend möglich. Verschaffen Sie sich so Erleichterung. Lassen Sie mit Ihrem Seufzer all das aus sich herausströmen, was Sie hilflos und bedrückt macht.

Die Mutter-Erde-Übung
Legen Sie sich bequem auf den Boden. Schließen Sie die Augen und stellen Sie sich vor, mit jedem Zug des Einatmens Kraft und Energie aus der Erde aufzunehmen. Stellen Sie sich Ihren Körper ganz gesund vor und Ihre Umgebung als belebend und natürlich. Spüren Sie die tragende Kraft der Erde.

Die Energieübung

Diese Übung eignet sich gut, um zu entspannen, wenn Sie sich verkrampft, angespannt, ängstlich oder hilflos fühlen. Verbinden Sie Ihren Atem mit folgenden Vorstellungen:

- Atmen Sie Vertrauen und Ruhe ein.
- Lassen Sie Ihr Inneres mit jedem Atemzug heller und leuchtender werden.
- Stellen Sie sich vor, beim Ein- und Ausatmen Kraft und Energie zu tanken.

Denken Sie immer daran, dass verstärktes Einatmen Anspannung, Unsicherheit und Verkrampfung fördert, während das tiefe Ausatmen entspannt, lockert und beruhigt.

Entspannungsübungen

Angst und Hilflosigkeit zeigen sich meist körperlich. Psychische Anspannung und Erregung können zu Muskelverspannungen und Verkrampfungen führen. Umgekehrt sind Emotionen – vor allem die der Angst – direkt beeinflussbar durch Muskelentspannung. Mithilfe körperlicher Entspannungsübungen können Sie Ihren Gefühlen von Angst und Hilflosigkeit aktiv entgegenwirken. Sie sollten diese Übungen allerdings erst einmal im ruhigen und angstfreien Zustand ausprobieren, bevor Sie diese in schwierigen Situationen einsetzen.

Bei Entspannungsübungen ist immer Folgendes zu beachten: Setzen Sie sich bequem auf einen Stuhl. Stellen Sie Ihre Füße mit etwas Abstand nebeneinander flach auf den Boden. Lassen Sie Ihre Hände entweder locker an den Seiten herabhängen oder legen Sie sie in den Schoß. Achten Sie darauf, den Rücken gerade zu halten, sitzen Sie nicht zu steif da. Stellen Sie das Mobiltelefon aus und sorgen Sie dafür, dass niemand überraschend ins Zimmer kommen kann. Die Beleuchtung sollte angenehm und nicht zu hell sein. Untertags können Sie die Vorhänge zuziehen. Entspannung gelingt besser in einem etwas abgedunkelten Raum. Sie können sich bei dieser Übung auch auf den Boden legen. Winkeln Sie Ihre Knie etwas an, sodass Ihre Fußsohlen flach auf dem Boden liegen. Legen Sie Ihre Hände locker neben das Gesäß. Die besten Erfolge erzielen Sie, wenn Sie täglich üben.

NÜTZLICHE ANREGUNGEN

> Nehmen Sie die Anweisungen für Ihre Entspannungsübungen im MP3–Format auf, um Sie auf dem iPod oder iPhone anzuhören. Experimentieren Sie mit Ihrer Stimme. Verleihen Sie ihr einen beruhigenden und entspannenden Ton.

> Führen Sie Ihre Entspannungsübungen nicht im Bett durch, da Sie dort womöglich einschlafen.

Die nachfolgenden Übungen können Sie überall durchführen. Sie dauern nur wenige Minuten. Wiederholen Sie diese kurzen Übungen häufig. Lernen Sie dadurch Unangenehmes und Belastendes loszulassen.

Die Bauchmassage

Beginnen Sie, mit den Fingerspitzen den Bereich um Ihren Nabel herum mit kreisrunden Bewegungen zu massieren. Spüren Sie, wie angenehm und wohltuend das ist. Legen Sie dann die rechte Hand auf Ihr Herz. Achten Sie darauf, tief und gleichmäßig ein- und auszuatmen.

Die Ellenbogenübung

Setzen Sie sich bequem vor einen Tisch. Stützen Sie nun die Ellenbogen auf die Tischkante. Massieren Sie sich zuerst die Stirn und die Kopfhaut. Konzentrieren Sie sich ganz auf Ihre Fingerspitzen. Schließen Sie dann die Augen und erspüren Sie mit den Fingerspitzen den Puls an Ihren Schläfen. Lassen Sie dabei den Atem wie von selbst ein- und ausströmen.

Die Handentspannung

Ballen Sie Ihre rechte Hand zu einer Faust und drücken Sie sie fest zusammen. Spüren Sie die Spannung in Ihrer Faust bis herauf in den Unterarm? Halten Sie diese Spannung unverändert für sieben Sekunden (zählen Sie dabei von sieben bis eins herunter) und lassen Sie dann los. Achten Sie auf das wohlige Gefühl der Entspannung. Führen Sie die gleiche Übung auch mit der linken Hand durch.

Die Glas-Wasser-Technik

Spritzen Sie sich bei Anspannung und Nervosität vor einer schwierigen Situation kühles Wasser ins Gesicht oder trinken Sie zügig ein Glas nicht zu kaltes Wasser.

Die Pulsübung

Messen Sie 30 Sekunden lang Ihren Puls (Halsschlagader oder Handgelenk). Üben Sie das Pulsfühlen einige Male, sodass Sie die richtige Stelle gleich ertasten können. Stellen Sie Ihren Puls mithilfe einer Stoppuhr in verschiedenen Situationen fest. (Messgrundlage sollen 30 Sekunden sein). Notieren Sie die erhaltenen Pulswerte. Messen Sie Ihren Puls

- in Normalstellung (entspannt);
- nach Bewegung (wie Treppensteigen, Seilhüpfen, Auf-der-Stelle-Laufen);
- beim Betrachten eines schönen Landschaftsbildes;
- beim Denken an eine geliebte Person;
- bei der Vorstellung einer für Sie typischen Angstsituation;
- beim Denken an ein Ereignis, das Sie als schwierig bewerten und das nächste Woche auf Sie zukommen wird.

Lassen Sie Ihren Puls zwischen den Messungen immer wieder auf »normal« kommen. Bemerken Sie irgendwelche Unterschiede? Gibt es Vorstellungen und Gedanken, die den Pulsschlag beschleunigen, und andere, die zu einer Beruhigung oder gar Verlangsamung des Pulses führen? Notieren Sie Ihre Erfahrungen in Ihrem Handlungstagebuch. Denken Sie daran, dass Ihr Körper seine inneren Abläufe selbst reguliert. Sie brauchen nicht einzugreifen. Der Körper tut es für Sie – und doch können Sie auch Einfluss auf die körpereigenen Prozesse nehmen. Sie können allein durch Gedanken und Vorstellungen Ihren Pulsschlag erhöhen oder senken.

Lassen Sie sich tragen

Stellen Sie sich vor Beginn der Übung einen Wecker (zehn Minuten). Legen Sie sich flach auf den Boden und entspannen Sie sich, während Sie sich vorstellen, dass Ihr Körper in den Boden einsinkt und dabei immer schwerer und schwerer wird. Spüren Sie, wie angenehm es ist, sich ganz hinzugeben, sich vom Boden tragen zu lassen. Bleiben Sie nach dem Ertönen des Weckers noch eine Weile liegen. Ballen Sie dann Ihre Hände ein paarmal zu Fäusten und kommen Sie langsam in die Realität zurück.

Holen Sie die blaue Farbe aus der Erde

Setzen Sie sich bequem auf einen Stuhl. Achten Sie darauf, dass beide Fußsohlen fest auf dem Boden stehen. Schließen Sie die Augen und stellen Sie sich vor, durch Ihre Füße würden Sie die Farbe Blau aus der Erde emporsaugen, nach oben bis in die Mitte Ihres Leibes. Von dort kann das Blau beruhigend und kräftigend nach überallhin ausstrahlen.

Die Augenmuskulatur-Übung

Halten Sie Ihren Kopf gerade. Richten Sie nun Ihren Blick extrem nach links außen. Behalten Sie diese Stellung fünf Sekunden lang bei. Führen Sie die gleiche Übung mit dem rechten Auge durch. Schließen Sie dann die Augen. Drücken Sie die Lider fest zusammen. Probieren Sie diese Übung ruhig auch einmal aus, wenn Sie Kopfschmerzen haben. Womöglich trägt sie zu einer Linderung bei.

Die Palmierungsübung

Diese Übung ist besonders wohltuend, weil Sie Außenreize unmittelbar abschalten können. Halten Sie die geschlossenen Augen mit den Handflächen zu. Stellen Sie sich dabei vor, angenehme Wärme und Ruhe breiten sich in Ihren Augen aus. Führen Sie diese Übung beliebig lange durch. Sie können auch Ihre Ellenbogen auf einem Tisch aufstützen. Führen Sie diese Übung auch in Situationen durch, in denen Sie sich angespannt fühlen.

Noch einige Tipps:

- Halten Sie die Hände locker und entspannt.
- Pressen Sie diese nicht gegen die Augen. Erzeugen Sie keinen Druck.

□ Legen Sie Ihre Handflächen so an, dass Ihre Augen völlig ab-
gedunkelt sind.

□ Sie können sich während der »Abdeckübung« einen Satz sagen, zum Beispiel »Ich bin ganz ruhig und gelassen«, oder
sich – während Sie Ihre Augen abgedeckt halten – eine schöne
Landschaft vorstellen.

Lockerungsübungen für den Unterkiefer

Bei einem Angstanfall verkrampft vor allem auch die Gesichts-
muskulatur. Die Zähne werden zusammengebissen, der Unterkiefer verhärtet sich. Achten Sie darauf, wie oft und in welchen
Situationen Sie die Zähne zusammenbeißen.

□ Lassen Sie den Unterkiefer leicht hängen. Schieben Sie ihn vor
und zurück, auf und ab, auch im Kreise, bis Sie eine Lockerung verspüren.

□ Massieren Sie den Bereich des Unterkiefers bis hinauf zu den
Ohren. Ertasten Sie die Muskeln um Ihren Mund herum und
kneten Sie sie sanft.

□ Bilden Sie mit dem Mund ein großes, offenes O. Machen Sie
ruhig auch ein Geräusch dazu. Pressen Sie dann Ihre Lippen
fest aufeinander, als hätten Sie in eine Zitrone gebissen.

□ Gähnen Sie absichtlich lang und ausgiebig.

Die Haltung als Helfer

Die Körperhaltung beeinflusst Ihre Gefühle

Bei Stress reagiert das vegetative Nervensystem. Der Organismus erhält den Befehl, sich für Kampf oder Flucht bereit zu machen. Die Muskelspannung erhöht sich. Wenn nun keine tatsächliche Bewegung erfolgt, bleiben die Muskeln in ihrer Anspannung. Ist dies häufig der Fall, ergeben sich chronische Verspannungen. Es gilt, solche muskuläre Spannungen mittels gezielter Haltungs- und Körperübungen abzubauen. Diese Übungen bewirken überdies eine

- Unterbrechung sich wiederholender Gedankenketten;
- Vertiefung von Entspannungserfahrungen;
- Korrektur angstbegünstigender Körperhaltungen;
- Anregung der Endorphinausschüttung (»Glückshormon«);
- Steigerung des Selbstwertgefühls;
- Rückgewinnung verlorener Körperkontrolle;
- Aktivierung des Stoffwechsels und beeinflussen damit die überschüssige Adrenalinausschüttung;
- vermehrte Sauerstoffzufuhr, die sich positiv auf die Konzentrations- und Leistungsfähigkeit auswirkt;
- Senkung des Blutdrucks;
- Möglichkeit, im Gehirn neue Verknüpfungen zu bilden.

Die nachfolgenden Körperübungen können Sie jederzeit und überall durchführen. Viele dieser Übungen erscheinen recht einfach. Sie haben jedoch große Wirkung auf den gesamten Organismus. Nicht nur der Körper wird beeinflusst, sie wirken auch auf die Psyche und den Fluss der Gedanken. Körper, Geist und Seele wirken ineinander und aufeinander ein. Festgefahrene gedankliche Einstellungen und negative Gefühle lassen sich durch Umgestaltung Ihrer körperlichen Bewegungsabläufe verändern. Erleben Sie, dass der »Grund, auf dem Sie stehen«, sicher ist. Entwickeln Sie wieder Vertrauen in Ihre Stützelemente (Muskeln, Arme, Beine). Aktives Handeln ist das einzige Mittel gegen die Starre der Angst. Angstverspannungen zeigen sich besonders im

◻ Kopfbereich;
◻ Nacken, Schulter- und Oberarmbereich;
◻ Beinbereich.

Die folgenden Übungen machen Ihre Muskeln und Gelenke wieder beweglicher und bewirken eine freiere Atmung. Arbeiten Sie daran, Ihren Bewegungsradius zu erweitern. Eine bewusste Veränderung Ihrer Körperhaltung führt immer auch zu gedanklichen und gefühlsmäßigen Veränderungen!

Die Körperberührungsübung

Setzen Sie sich auf einen Stuhl. Halten Sie die Augen offen. Berühren Sie mit einer Hand Ihren Körper. Beginnen Sie bei Ihrem Bauchnabel und tasten Sie sich bis zum Gesicht und Kopf nach oben. Befühlen Sie jeden Teil und massieren Sie ihn sanft. Sammeln Sie Ihre Aufmerksamkeit genau in dem Körperteil, den Sie gerade berühren. Tasten Sie auch vom Bauchnabel abwärts zum Unterleib. Notieren Sie anschließend Ihre Erfahrungen in Ihrem

Handlungstagebuch. Welche Gefühle und Gedanken sind aufgetreten? Welcher Körperteil fühlte sich bei der Berührung angenehm an, welcher weniger? Lernen Sie Ihren Körper kennen. Lernen Sie, dass er nicht nur mit Panik oder hilfloser Überreaktion reagiert, sondern seine volle Empfindungsfähigkeit im positiven Sinne bewahrt hat.

Nehmen Sie sich etwas Zeit, um Ihre Körperempfindung zu erforschen. Setzen oder legen Sie sich entspannt hin und lassen Sie Einfälle zu nachfolgenden Fragen entstehen:

- Was ist der kälteste Teil Ihres Körpers? Welcher ist der wärmste?
- Welcher ist der weichste Teil Ihres Körpers? Welcher ist der härteste?
- Welcher ist der empfindsamste Teil Ihres Körpers? Welcher ist der robusteste?
- Welcher ist der offenste Teil Ihres Körpers? Welcher ist der verschlossenste?
- Welchen Körperteil mögen Sie am liebsten und welchen am wenigsten?

Widmen Sie ein paar Minuten der Erforschung und Erfahrung Ihres Körpers und notieren Sie Ihre Erfahrungen in Ihrem Handlungstagebuch.

NÜTZLICHE ANREGUNGEN

Das Gewahrwerden von einer Vielzahl körperlicher Empfindungen führt dazu, dass Sie sich im angstfreien Zustand mit Ihrer Körperwahrnehmung beschäftigen. Sie erleben Ihren Körper ganz bewusst und arbeiten daran, eine positive Einstellung aufzubauen.

Die Königs-/Königinnenübung

Stellen Sie sich jeden Morgen beim Aufstehen vor, Sie seien eine Königin/ein König. Wählen Sie in Gedanken die Kleidung aus, die Ihnen der Diener anziehen wird. Setzen Sie sich – nachdem Sie sich prunkvoll haben ankleiden lassen – eine Krone auf. Behalten Sie diese Vorstellung bei, etwa während Sie duschen oder sich an den Frühstückstisch setzen. Gehen Sie aufrecht und würdevoll. Halten Sie den Kopf hoch, damit die Krone nicht herunterfällt. Bewegen Sie sich ruhig und gleichmäßig.

Dehnübung

Legen Sie sich auf den Boden und räkeln und dehnen Sie sich. Stellen Sie sich vor, Ihr Körper bestehe aus einem dehnbaren Material, das sich sowohl in die Länge als auch in die Breite ausweiten lässt. Konzentrieren Sie sich nun auf Ihre Arme. Lassen Sie sie langsam auf die doppelte Länge anwachsen. Wiederholen Sie das Gleiche mit den Beinen. Lassen Sie auch Ihren Oberkörper von den Hüften an aufwärts in die Länge wachsen.

Die Dehnübung bildet einen Gegenpol zu den kleinmachenden Gefühlen von Angst und Hilflosigkeit. In Krisensituationen verkleinern Sie sich buchstäblich, ducken sich oder ziehen Ihren Kopf ein. Der Hals wird verkürzt und die Schultern werden nach oben gezogen. Der Oberkörper steht nicht mehr aufrecht, sondern gebückt und die Arme werden angezogen und angespannt. Wenn er nicht aktiv entspannt wird, kann der Körper in dieser Haltung erstarren (»Angststarre«). Wirken Sie diesem Kleinmachen bewusst entgegen!

Beinstärkungsübungen

Kennen Sie das Gefühl, dass die Knie weich und zittrig werden und Sie befürchten, sie könnten versagen? Beinübungen schaffen hier konkrete Abhilfe.

- Legen Sie sich auf den Rücken und stemmen Sie sich, so kräftig Sie können, mit den Beinen gegen die Wand.
- Gehen Sie stampfend durch das Zimmer (oder Ihren Keller) und spüren Sie die Kraft in Ihren Beinen.
- Schütteln Sie hin und wieder Ihre Beine zur Auflockerung aus.
- Setzen Sie sich auf einen Stuhl. Strecken Sie die Beine waagrecht aus und spannen Sie die Oberschenkelmuskulatur so stark wie möglich an. Halten Sie die Spannung für mindestens sieben Sekunden. Lassen Sie dann die Beine wieder sinken und spüren Sie, wie die Entspannung sich ausbreitet.

Die Eimerübung

Diese Übung müssen Sie entsprechend vorbereiten. Lassen Sie einen Eimer mit angenehm warmem Wasser ein. Fügen Sie dem Wasser eine Badeessenz zu, sodass Sie ein Fußbad nehmen können. Setzen Sie sich in aufrechter Haltung auf einen Stuhl ohne Lehne und lassen Sie die Arme seitlich nach unten fallen. Stellen Sie Ihre Beine ins Wasser. Erinnern Sie sich nun an eine Situation, in der Sie in Ihren Beinen Kraft und Stärke gespürt haben, zum Beispiel bei einer Wanderung, beim Tanzen oder bei sportlichen Aktivitäten. Stellen Sie sich vor, Ihre Beine würden durch das Bad auf magische Weise gekräftigt und gestärkt. Nehmen Sie nach ausreichender Badezeit die Beine wieder aus dem Eimer heraus. Spüren Sie die Kraft und Energie, die Ihre Beine durchströmen? Mit völlig neuem Gefühl werden Sie auf dem Boden stehen. Sie können diese Übung auch mit einem »geistigen Eimer« durchführen. Es handelt sich um ein Ritual der Selbstsuggestion, das die Beine kräftigen kann.

Nacken- und Schulterübungen

Die »Last auf den Schultern« ist die Summe Ihrer Erfahrungen von Angst und Hilflosigkeit, die Sie niederdrücken. Übungen zur Lockerung des Schulterbereichs können bewirken, dass langjährig angestaute Verspannungen gelöst werden.

- Ziehen Sie Ihre Schultern nach hinten, sodass Sie die Anspannung in den Schulterblättern bemerken. Halten Sie die Anspannung und lassen Sie diese dann wieder los.
- Drehen Sie Ihren Hals langsam hin und her. Dehnen Sie dadurch die Muskeln in Ihrem Nackenbereich.
- Lassen Sie Ihren Kopf langsam nach vorn und dann wieder langsam nach hinten sinken. Halten Sie dabei den Mund geschlossen. Achten Sie auf die feinen, kleinen Bewegungen Ihres Kopfes und registrieren Sie die angenehme Ruhe, die sich bei der Durchführung dieser Übung einzustellen beginnt.
- Bewegen Sie einen Besenstiel über Ihrem Kopf langsam von oben nach unten und wieder nach oben.

Die Nackenmassage
Verkrampfungen im Nackenbereich lassen sich lösen, wenn Sie mit den Fingerspitzen unterhalb der Ohren kreisende Bewegungen durchführen. Beruhigend wirkt sich auch aus, wenn Sie Ihre Handflächen auf die Schläfen legen und diese sanft festhalten.

Übungen für den Kopfbereich

Die Kopfhaltung ist entscheidend für die gesamte Körperhaltung. Hier einige Entspannungsübungen für den Kopfbereich:

- Drehen Sie den Kopf ganz langsam von rechts nach links und zurück. Trainieren Sie Ihre Beweglichkeit und verbessern Sie zunehmend den Bewegungsradius.
- Lehnen Sie langsam und vorsichtig den Kopf so weit wie möglich zurück. Sie werden spüren, wann es genug ist. Bewegen Sie den Kopf dann genauso langsam wieder nach vorn in die normale Position.
- Legen Sie sich auf den Rücken und rollen Sie den Kopf so langsam wie möglich von rechts nach links und zurück.

Beachten Sie stets Folgendes:

- Beginnen Sie jede Übung mit dem Ausatmen.
- Betonen Sie grundsätzlich das Ausatmen.

Zeit zum Üben finden Sie überall! Einige Übungen können Sie durchaus an der Bushaltestelle oder beim Fernsehen durchführen. Wenn Sie regelmäßig üben, werden Sie allmählich wieder Kontrolle über die körpereigenen Prozesse gewinnen. Hier wurden Beispiele angegeben, um Ihnen den Einstieg in ein körperliches Bewegungsprogramm zu erleichtern. In jedem guten Gymnastikbuch finden Sie eine Vielzahl sinnvoller Übungen. Praktisches Ausprobieren ist immer der beste Weg. Vielleicht ist es für Sie auch hilfreich, wenn Sie zum Beispiel einen Pilates- oder Zumba-Fitnesskurs belegen, um durch kontinuierliche Bewegung Wohlgefühl aufzubauen und die Stärkung des Körpers aktiv voranzutreiben.

Abschließende Bemerkungen

Sie sind wie ein Schauspieler Akteur bzw. Akteurin auf der Bühne Ihres Lebens. Bei der Aufführung Ihrer Geschichte haben Sie viele Rollen und Funktionen gleichzeitig übernommen. Sie sind DrehbuchautorIn, RegisseurIn, zugleich auch DramaturgIn und DarstellerIn. Ihre Rollen erfordern große Flexibilität und Fantasiereichtum. Sie sind häufig gezwungen, zu improvisieren und sich neuen Anforderungen zu stellen, die nicht im Drehbuch stehen.

Das hier vorgestellte Übungsrepertoire sollte Ihnen hierzu Hilfe sein. Es bietet viele Anregungen, mit Ihren Gefühlen von Angst und Hilflosigkeit anders umzugehen als bisher. Es sollte Ihnen helfen, durch aktives Tätigwerden zu mehr Kraft und Selbstvertrauen zu finden. Ein einmaliges Durcharbeiten des Buches genügt vielleicht nicht. Sie werden immer wieder in Situationen kommen, in denen Sie sich körperlich und emotional schwach fühlen und die alten »Angst- und Hilflosigkeitsdämonen« zu neuem Leben erwachen. Spätestens dann ist es an der Zeit, dieses Buch wieder zur Hand zu nehmen.

Denken Sie über Ihre Erfolge nach

Haben Sie – seit Sie mit diesem Programm arbeiten – etwas hinzugelernt? Welche Veränderungen haben sich bei Ihnen ergeben? Prüfen Sie mithilfe der folgenden Fragen, ob sich Erfolge eingestellt haben:

- ☐ Treten Gefühle von Angst und Hilflosigkeit jetzt seltener auf?
- ☐ Erinnern Sie sich inzwischen in angstbesetzten Situationen an einzelne Übungen? Setzen Sie diese aktiv ein?
- ☐ Haben Sie herausgefunden, mit welchen Übungen Sie die besten Erfolge erzielen?
- ☐ Welche Übungen gehören zu Ihren »Lieblingen«?
- ☐ In welchen Situationen finden Sie sich jetzt schon besser zurecht? An welchen Themen möchten Sie noch weiterarbeiten?
- ☐ Hat Ihre Umgebung eine Veränderung an Ihnen bemerkt?

Bedenken Sie, dass die Selbsthilfe Zeit benötigt! Arbeit an der Angst ist ein kontinuierlicher Prozess. Sie sind kein Auto, das man nach Gebrauchsanweisung reparieren kann. Sie sind ein Mensch, der gefühlsmäßig erst in neue Aufgaben hineinwachsen muss. Akzeptieren Sie, dass Veränderung nur in langsamen Schritten geschieht!

Das Angstverteilungsrad

Malen Sie in Ihr Handlungstagebuch einen Kreis und unterteilen Sie ihn in verschiedene Segmente. Jedes Segment soll eine für Sie typische Angstsituation enthalten. Malen Sie daneben einen anderen Kreis, Ihr »Handlungsverteilungsrad«, das Sie in die gleiche Anzahl von Segmenten einteilen. Überlegen Sie sich nun, durch welche Selbsthilfemöglichkeiten (Übungen) Sie das jeweilige Angstsegment bearbeiten können.

Legen Sie sich einen Notfallkoffer zu

In Ihrem Notfallkoffer soll sich all das befinden, was für Sie in einer realen Angstsituation hilfreich sein könnte. Sie packen Ihren Notfallkoffer selbst! Er soll Sie überallhin begleiten und all die Ideen, Gegenstände, Notizen enthalten, die Sie brauchen. In Ihrem Notfallkoffer könnten zum Beispiel Ihre Affirmationssätze bereitliegen oder einige in Kleinformat kopierte oder abgeschriebene Übungen. Er könnte aber auch ganz konkrete Dinge enthalten, wie etwa ein Riechfläschchen (Aromaöl), das Sie verwenden können, wenn Sie Angst überkommt.

Hier einige Beispiele von Menschen, wie sie ihre Angst bewältigt haben:

- Anita, die sich schrittweise wieder an das S-Bahn-Fahren gewöhnt, hat immer irgendeine Zeitschrift dabei, um – sollten die unangenehmen Empfindungen wieder auftreten – ihre Aufmerksamkeit umlenken zu können.
- Caro geht nicht mehr ohne ihr Handlungstagebuch aus dem Haus.
- Lis hat ihren Notfallkoffer mit geistigen Inhalten gefüllt. Sie nimmt die Imaginationsübung des »inneren Ratgebers« überallhin mit. Eine kleine Figur repräsentiert für Lis die Qualitäten ihres Ratgebers. Sie trägt diese Figur mit sich und berührt sie gelegentlich, um sich daran zu erinnern, dass sie eine innere Weisheit hat, der sie vertrauen kann.

◽ Leon, der Angst vor Hyperventilation hat, trägt stets seine Papiertüte mit sich. Auch hat er sich einige Kopien von Übungen gemacht, die ihm hilfreich erscheinen und die er unterwegs durchliest, wenn er das Buch gerade nicht zur Hand hat.

Überlegen Sie, was in Ihrem Koffer enthalten sein könnte. Es empfiehlt sich, mehreres zur Auswahl hineinzupacken. Denken Sie daran, die ausgewählten Übungen in Schriftform und – abgefasst in Ihrem eigenen Wortlaut – mit sich zu tragen.

Vom Umgang mit Rückfällen

Rückfälle können immer wieder geschehen: Die Wahrscheinlichkeit eines Rückfalls erhöht sich,

◽ wenn Sie sich überfordern;
◽ wenn Sie Ihre Übungen nur unregelmäßig durchführen oder ganz einstellen.

Nehmen Sie bei Rückfällen schnellstmöglich wieder dieses Buch zur Hand. Lesen Sie darin, sodass Sie den Kontakt zu Ihrem handelnden Ich-Anteil wieder aufnehmen können. In jedem Problem liegt auch die Möglichkeit zur Selbsthilfe verborgen. Ersetzen Sie das Wort »Problem« zukünftig durch das Wort »Lernaufgabe«. Überlegen Sie sich nach jedem Rückschritt, was genau Sie daraus lernen könnten, und stimmen Sie sich gedanklich von Neuem darauf ein, in eine erfolgreiche Zukunft zu gehen. Vertrauen Sie sich! Sie haben Ihren Veränderungsprozess in der Hand und diese Gewissheit kann Ihnen niemand mehr nehmen.

Das Übungsprotokoll

Kopieren Sie sich den umseitigen Übungsbogen. Er soll Ihrer persönlichen Kontrolle dienen. Der Übungsbericht soll erfassen, welche Übungen Sie durchführen, und Sie dazu ermutigen, Ihren Bewältigungsprozess zu dokumentieren. Durch Selbstbeobachtung können Sie die fruchtbarsten Übungen herausfinden. In die Spalten mit den Prozentzahlen tragen Sie bitte Ihre jeweiligen Übungserfolge aus subjektiver Sicht ein, wobei 0 Prozent gleichbedeutend mit »überhaupt kein Erfolg« ist und 100 Prozent den größtmöglichen Erfolg symbolisieren. Finden Sie Ihre persönlichen Abstufungen! Die Verwendung Ihres wöchentlichen Berichtsprotokolls zeigt Ihre Erfolge und somit – langfristig gesehen – Veränderungen auf. Lassen Sie diese Protokolle zu Ihrer wöchentlichen Gewohnheit werden!

WÖCHENTLICHER ÜBUNGSBERICHT

Affirmationen : . . . .

. . . .

Welche Übungen wurden mit Erfolg (Angabe in %) durchgeführt:

DURCHFÜHRUNG VON ÜBUNGEN	MO	DI	MI	DO	FR	SA	SO
Papier- und Stiftübungen							
Bejahungsübungen							
Sprachliche Übungen							
Atemübungen							
Haltungsübungen							
Imaginationsübungen							
Inneres-Kind-Übungen							
Entspannungsübungen							
Ablenkungsübungen							
Hier-und-Jetzt-Übungen							
Wahrnehmungsübungen							
Kreativitätsübungen							
Sonstiges							

Mein Notfallkoffer ist diese Woche vollgepackt mit:

. . . .

. . . .

Anregungen und Übungen im Überblick

Papier und Stift als Helfer

Sprache als Helfer

Literaturhinweise

Baer, Lee: *Alles unter Kontrolle. Zwangsgedanken und Zwangshandlungen überwinden*, Bern: Hans Huber, 3. Aufl. 2007

Bandelow, Borwin: *Das Angstbuch. Woher Ängste kommen und wie man sie bekämpfen kann*, Reinbek: Rowohlt-TB, 8. Aufl. 2006

Bandelow, Borwin: *Das Buch für Schüchterne. Wege aus der Selbstblockade*, Reinbek: Rowohlt, 2. Aufl. 2007

Baker, Roger: *Wenn plötzlich die Angst kommt. Panikattacken verstehen und überwinden*, Witten: SCM R. Brockhaus, 15. Aufl. 2011

Barnow, Sven (Hrsg): *Von Angst bis Zwang. Ein ABC der psychischen Störungen: Formen, Ursachen und Behandlung*, Bern: Hans Huber, 3., überarb. Aufl. 2008

Bassett, Lucinda: *Angstfrei leben. Das erfolgreiche Selbsthilfeprogramm gegen Stress und Panik*, Weinheim: Beltz, 10., neu ausgestatt. Aufl. 2011

Benesch, Horst; Benesch, Doris: *Frei werden von Angst. Mit der EFT-Klopfakupressur zu neuer Lebensqualität*, München: Kösel 2011

Dehner-Rau, Cornelia; Rau, Harald: *Ängste verstehen und hinter sich lassen. Ihr Selbsthilfe-Coach*, Stuttgart: Trias, 2. Aufl. 2012

Eberwein, Werner: *Angst verwandeln in Gelassenheit. Selbsthypnose mit Musik*, München: Kösel 1996 (CD)

Fabian, Egon: *Anatomie der Angst. Ängste annehmen und an ihnen wachsen*, Stuttgart: Klett-Cotta, 2. Aufl. 2012

Hansch, Dietmar: *Erfolgreich gegen Depression und Angst. Wirksame Selbsthilfe, Anleitungen Schritt für Schritt, Fallbeispiele und konkrete Tipps*, Berlin: Springer 2011

Krebs, Anja (Hrsg.): *Die wiedergewonnene Freiheit. Angstbetroffene erzählen ihren Weg*, Vechta: Geest, 8. Aufl. 2008

Leidig, Stefan; Glompp, Ingrid: *Nur keine Panik! Ängste verstehen und überwinden*, München: Kösel, 4. Aufl. 2011

Metzig, Werner; Schuster, Martin: *Prüfungsangst und Lampenfieber. Bewertungssituationen vorbereiten und meistern*, Berlin: Springer, 4. Aufl. 2009

Peurifoy, Reneau Z.: *Frei von Angst – ein Leben lang. Hilfe zur Selbsthilfe*, Bern: Hans Huber 2007

Schmidt-Traub, Sigrun: *Angst bewältigen. Selbsthilfe bei Panik und Agoraphobie*, Berlin: Springer, 4., neu bearb. Aufl. 2008

Silove, Derrick; Manicavasagar, Vijaya: *Wenn die Panik kommt. Ein Ratgeber*, Bern: Hans Huber 2006

Wilms, Bettina; Wilms, Hans-Ulrich: *Meine Angst – eine Krankheit?*, Bonn: Balance Buch 2008

Wise, Jeff: *Hart auf hart. Menschen in Extremsituationen – oder was mit uns passiert, wenn wir in Panik geraten*, München: Irisiana 2010

Wolf, Doris: *Ängste verstehen und überwinden. Wie Sie sich von Angst, Panik und Phobien befreien*, Mannheim: PAL, 25. Aufl. 2005

Wolf, Doris; Merkle, Rolf: *Gefühle verstehen, Probleme bewältigen. Ein praktischer Ratgeber zur Bewältigung von Ängsten, Unsicherheiten, Minderwertigkeits- und Schuldgefühlen, Eifersucht, depressiven Verstimmungen*, Mannheim: PAL, 20. Aufl. 2004